WODUN TANPANKE

沃顿谈判课

世界知名企业推崇的谈判法则

蔡雪莲◎编著

江苏凤凰美术出版社

图书在版编目（CIP）数据

沃顿谈判课／蔡雪莲编著． －－南京：江苏凤凰
美术出版社，2019.7（2021.1 重印）
ISBN 978 -7 -5580 -6320 -6

Ⅰ．①沃… Ⅱ．①蔡… Ⅲ．①谈判学 -通俗读物
Ⅳ．①C912.35 -49

中国版本图书馆 CIP 数据核字（2019）第 126882 号

责任编辑　李秋瑶
封面设计　松　雪
责任监印　唐　虎

书　　名	沃顿谈判课
编　　著	蔡雪莲
出版发行	江苏凤凰美术出版社（南京市湖南路 1 号　邮编：210009）
出版社网址	http：//www.jsmscbs.com.cn
印　　刷	三河市众誉天成印务有限公司
开　　本	880mm ×1270mm　1/32
印　　张	6
版　　次	2019 年 7 月第 1 版　2021 年 1 月第 3 次印刷
标准书号	ISBN 978 -7 -5580 -6320 -6
定　　价	36.00 元

营销部电话　025 -58155675

江苏凤凰美术出版社图书凡印装错误可向承印厂调换　电话：010 -64215835

前　言

　　1991 年的一个夜晚，美国一名谈判大师在家中接到一个电话，对方称自己在科威特石油公司的兄弟被伊拉克大独裁者萨达姆扣为人质，想聘请他为谈判顾问，说花多少钱都愿意赎回他的兄弟。这位谈判大师告诉对方，他不用花一分钱赎金就能救回他的兄弟。他联系了一名 CBS（哥伦比亚广播公司）的著名记者，问其是否愿意陪自己去巴格达一趟，与萨达姆展开谈判，如果他愿意，就把独家采访权给他。时逢美伊激战正酣，真是天赐良机，这位记者非常乐意，但 CBS 总编却不同意记者冒险上战场，于是这位谈判大师又拿出了第二套方案：在伊拉克邻国约旦采访萨达姆。结果，萨达姆喋喋不休地对着电视说了两小时之后释放了人质，而这正是那段时期萨达姆所放出的唯一的人质。这位谈判大师就是罗杰·道森。

　　其实生活中谈判无处不在，无论是在学习还是工作中，每个人都以一个谈判者的身份存在着：与老板商量升职、加薪；与客户讨论合同的条款；与朋友商量去哪里逛街；或者与亲戚朋友商量何时聚餐……

　　我们每年甚至每天都要与别人进行谈判。然而，在谈判时侃侃而谈并不是一件容易的事情，它还需要长时间的锻炼。本书从谈判前的准备、人员组织、资源整合、如何打破谈判僵局、如何在谈判中运用口才等多方面介绍了要赢得一场谈判，谈判人员应具备哪些谈判策略、谈判心理等。

　　本书的目的不是为读者提供一些关于谈判的高深理论，而是希望通过经验的总结，来帮助读者迅速掌握一定的实用性、操作性强的谈判技巧。

　　尽管本书对谈判进行了非常详细的讲解，但需要读者朋友注意：纸上得来终觉浅，如果想要成为一名谈判高手，还需要你利用从本书中学到的知识加以实践，运用到现实生活中去，努力找到一种最适合自己的谈判风格。

　　"君子藏器于身，待时而动"，无论你已经在职场上小有成就，还是正准备开辟新的商业领地，或是初登与客户谈判的舞台，相信本书将是一本提高你职业素养的实用著作。

2019 年 4 月

目 录

CONTENTS

第一课

真正的谈判始于正式谈判之前

摸透底细，掌握谈判背景

一讲到谈判，大多数人总联想到面谈，但计划与准备阶段是整个谈判最关键的阶段，至少对一个典型的谈判来说，其结果如何，有50％在你和客户见面之前就已经决定了。计划与准备阶段如此重要，然而大多数谈判人员进行谈判时仍是仓促上阵，未能做充分的准备，使得谈判结果不尽如人意。因此，在每一次谈判之前做好充分的计划与准备，是我们取得良好谈判结果的基石。

谈判的成败、谈判者地位的强弱，往往取决于其中一方对信息资料的掌握程度。掌握的信息资料越多，在谈判中越容易驾驭谈判的进程。这些信息资料包括谈判对手、自身以及谈判环境等方面。而谈判对手的信息最难掌握，并且最为重要。通过对谈判对手的了解和分析，才能对双方在谈判中所处的地位及各自最大的需求和让步的范围、幅度以及谈判的限制因素等有一个清楚的认识。这样，在谈判中就能做到审时度势、进退自如。

1. 掌握情报，后发制人

在某次交易会上，我方外贸部门与一客商洽谈出口业务。在第一轮谈判中，客商采取各种招数来摸我们的底，罗列过时行情后故意压低购货的数量。 我方立即中止谈判，搜集相关的情报，了解到日本一家同类厂商发生重大事故停产，又了解到该产品可能有新用途。 在仔细分析了这些情报以后，谈判继续。 我方随即利用掌握的情报后发制人，告诉对方：我方的货源不多；产品的需求很大；日本厂商不能供货。 对方立刻意识到我方对这场交易背景的了解全面深入，甘拜下风。在经过一些小的交涉之后，他们乖乖就范，接受了我方的价格，购买了大量产品。

在商业谈判中，口才固然重要，但是最本质、最核心的是对谈判的把握，而这种把握常常是建立在对谈判背景的了解上。

2. 制造虚假情报，声东击西

某工厂要从日本 A 公司引进收音机生产线，在引进过程中双方进行谈判。 在谈判开始之后，日本公司坚持要按过去卖给某厂的价格来定价，坚决不让步，谈判陷入僵局。 我方为了占据主动地位，开始与日本 B 公司频频接触，洽谈相同的项目，并有意将此情报传播，同时通过有关人员向 A 公司传递价格信息，A 公司信以为真，不愿失去这笔交易，很快接受我方提出的价格，这个价格比过去其他厂商引进的价格低 26％。

在一条路走不通的时候，往往应该去探索另一种方法，在本例中，我方运用了传播假情报的方法获取了主动权，取得了胜利。

3. 掌握环境情报，以静制动，静观其变

1987 年 6 月，济南市第一机床厂厂长在美国洛杉矶同卡尔

曼公司进行推销机床的谈判。双方在价格问题的协商上陷入了僵持的状态，这时我方获得情报：卡尔曼公司原与台商签订的合同不能实现，因为美国对日、韩、台提高了关税使得台商迟迟不肯发货。而卡尔曼公司又与自己的客户签订了供货合同，对方要货甚急，卡尔曼公司陷入了被动的境地。我方根据这个情报，在接下来的谈判中沉着应对，卡尔曼公司终于沉不住气，在订货合同上购买了150台中国机床。

在谈判中，不仅要注重自己方面的相关情报，还要重视对手的环境情报，只有知己知彼知势，才能获得胜利。

4. 厚积薄发——养兵千日，用兵一时

20世纪80年代我国光学加工设备的水平较低，为改变这种状况，国家决定为南京仪表机械厂引进联邦德国劳（LOH）光学机床公司的光学加工设备。南京仪表机械厂的科技情报室马上对劳公司的生产技术进行了情报分析。在与劳公司谈判时，劳公司提出要对我方转让24种产品技术，我方先前就对劳公司的产品技术进行了研究，从24种产品中挑选出13种产品引进，因为这13种产品技术已经足以构成一条先进完整的生产线。同时我方也根据对国际市场情报的掌握提出了合理的价格。这样，我国既买到了先进的设备，又节约了大量的外汇。事后劳公司的董事长柯鲁格赞叹道："你们这次商务谈判，不仅使你们节省了钱，而且把我们公司的心脏都掏去了。"

在平时就注意对信息做收集和处理，在谈判中往往能够游刃有余，获得成功。

◇ 谈判就是博弈，眼光盯紧整盘大棋 ◇

公司决定从劳尔公司引进光学机床设备，做一下谈判前信息摸底工作。

对方提出给我方提供24种技术，但价格很贵。

经过摸底，我方只需引进13种技术，就可装备一条完整的先进生产线。

谈判前要摸底，做到知己又知彼。有50%的结果在谈判开始前就已经确定了。

周末得回家修草坪、陪家人。给他让些利赶快谈完算了。

别着急，今天去富士山玩。

不着急谈判，先安排住下来，好吃好喝伺候着，让对方着急。

要看清对手的真假用意。一些老练的谈判高手用盛情款待拖延你，让你耗不起，最后妥协让利。

5. 获得有用情报，正确认定价值

1982 年，石家庄市第三印染厂准备与联邦德国卡佛公司以补偿贸易形式进行为期 15 年的合作生产，规定由外方提供黏合衬布的生产工艺和关键设备。该工艺包含了大量的专利。初次谈判时对方要求我方支付专利转让费和商标费共 240 万马克。我方厂长马上派人对这些专利进行了专利情报调查。调查发现其中的主要技术——"双点涂料工艺"专利将于 1989 年到期失效。在第二轮谈判中，我方摆出这个证据，并提出降低转让费的要求，外商只得将转让费降至 130 万马克。

在我国的技术引进中，常常为了一些价值低廉的技术付出巨额的投资，在技术转让的谈判中往往不能据理力争，如果在谈判之前多掌握一些合理的信息，也许结果会完全不同。

6. 掌握历史情报，逼出谈判底牌

我国某厂与美国某公司谈判设备购买生意时，美商报价 218 万美元，我方不同意，美方降至 128 万美元，我方仍不同意。美方诈怒，扬言再降 10 万美元，118 万美元不成交就回国。我方谈判代表因为掌握了美商交易的历史情报，所以不为美方的威胁所动，坚持再降。第二天，美商果真回国，我方毫不吃惊。果然，几天后美方代表又回到中国继续谈判。我方代表亮出在国外获取的情报——美方在两年前以 98 万美元将同样的设备卖给了匈牙利客商。情报出示后，美方以物价上涨等理由狡辩了一番后将价格降至合理程度。

从某种意义上讲，谈判中的价格竞争也是情报竞争，把握对手的精确情报就能在谈判的价格竞争中取胜。

"凡事预则立，不预则废"，谈判前的准备工作做得越充分，对谈判对手越了解，就越容易促进谈判的顺利进行，甚至掌握谈判的主动权。作为谈判者，要做好谈判前的准备工作，就要从不同的文化环境中研究、分析谈判对手的谈判风格，正确预测谈判对手可能在谈判中表现出来的行为，并且站在一般行为人的角度对特定谈判对手进行分析。只有通过此类分析和研究，全方位掌握谈判对手的信息，才有可能制定正确的谈判战略，在谈判中取得优势地位。

像重视自己一样重视对手

日本的钢铁和煤炭资源短缺,渴望购买煤和铁。澳大利亚生产煤和铁,并且在国际贸易中不愁找不到买主。按理来说,日本人应该到澳大利亚去谈生意。但日本人总是想尽办法把澳大利亚人请到日本来谈生意。澳大利亚人一般都比较谨慎,讲究礼仪,不会过分侵犯东道主的权益,再说他们觉得此次已经优势在握了,所以没怎么思考就答应了日本人的要求。澳大利亚人到了日本,使日本方面和澳大利亚方面在谈判桌上的相互地位发生了显著的变化。澳大利亚人过惯了富裕舒适的生活,他们的谈判代表到了日本之后不几天,就急于想回到故乡别墅的游泳池、海滨和妻儿身旁,在谈判桌上常常表现出急躁的情绪;而作为东道主的日本谈判代表则不慌不忙地讨价还价,他们掌握了谈判桌上的主动权。结果日本方面仅仅花费了少量款待做"鱼饵",就钓到了"大鱼",取得了大量谈判桌上难以获得的东西。

澳大利亚人正是由于考虑到自己已经占据了优势的地位而轻视了对手,才造成了此次谈判的失利。日本人在了解了澳大利亚人恋家的特点之后,宁可多花招待费用,也要把谈判争取到自己的主场进行,并充分利用主场优势掌握谈判的主动权,使谈判的结果最大限度地对己方有利。

除了要重视对手外，还应该随时随地保持着准备谈判的状态，因为万事皆可谈判，无论生活中的任何事，都可以用谈判的方式去解决。

　　诸葛亮欲与周瑜联合抗曹，其实他知道二乔和周瑜的关系。但是，他却佯装不知，而且，他熟记曹操的《铜雀台赋》，故意设下圈套让周瑜自己跳进来，自己却还装作毫不知情的样子。诸葛亮还故意用"可以保妻子，全富贵"的话来激怒周瑜，鼓动周瑜决意抗曹。在古代的战争当中，有很多联手抗击强敌的故事，当然了，这就少不了一个谈判高手在其中周旋。如果派出的谈判人员不能说服对方，甚至还惹怒了对方，那么，人头不保就不是说出来吓唬人的事情了。

　　《阅微草堂笔记》里面有这样一个故事：一位掌柜看到他的徒弟顺手牵羊，将做生意的钱放入自己口袋，便赶他出门，并且通知同行业里所有人那个人离职的原因，使得同行业的人都不敢用他。

　　这个伙计走投无路便沦为盗贼。有一天，掌柜的儿子押了一批货经过山区时，被一群盗贼拦路抢劫。他本来有活命的机会，但是因为认出了里面的一个人原来是家中的伙计，叫了一声那个伙计的名字，并且大叫饶命。结果可想而知，他因为那声呼喊而送了自己的性命。

　　贪小利是人的本性，不要给人机会做坏事，也不要去测试这个本性，教化的目的是使人超越本性，但不是每个人都有机会接受教育，因此不要太苛责，要放别人一条生路。如果当时掌柜辞退了这个伙计，让他在别处找到工作，他或许会改邪归正，而不是去打家劫舍；如果通告同行，使这个人永不被录用，那么迫于生计，他只好铤而走险。

谈判也是如此，如果你可以在谈判桌上给对方留下一丝余地，那么，对方或许会在某个机缘巧合的情况下帮到你；而如果你做事绝情到没有任何回旋的余地，那么，以后再跟对方相遇，对方也不会给你好脸色看的，甚至还会对你施以报复。

一位广东的销售人员与经销商签订了一份年度销售计划。但是，第一个月刚好遇到台风，影响了客户的实际销售，客户希望削减当月的销售指标。销售员认为客户讲得有道理，在与上司协商之后，上司答应将销售指标由原来的50万降到30万，并嘱咐第二个月一定要把上个月20万的指标补上，当时销售员与经销商一口答应，经销商更是连连称谢。

其实，在走这一步的时候，销售人员已经错了。而销售人员的上司竟然答应了他的要求，更是一大错误。

第二个月市场势头很好，销售人员满心欢喜，心想：这个月看来除了完成指标，还可以将上月的差额补上。眼看到了这个月的中旬，经销商要求公司给予应收款的支持，理由是资金不够没钱进货，公司拒绝了经销商的要求，结果当月经销商只完成了40万的销售指标。如此到了第四个月，销售员与经销商总结一段时间以来的销售情况，经销商认为年初的销售指标定得不合理，并列举了种种理由。销售员觉得经销商讲的不是没有道理，当初定指标的时候他也觉得公司有向他们压指标的嫌疑。

于是他向经理反映了经销商的要求，同时列举了很多事实证明：现在的市场与年初计划时候的市场不一样了，困难重重。当然，公司没有理会他们的意见，没有继续重申销售计划指标。　然而，在销售人员和经销商的心中早已不把计划当回事了，他们一致认为：计划只是一些表面形式而已，真理还是在他们这些实战的人物手里。　果然，到了年末，销售计划确实没有完成，公司倒了大霉，销售经理被公司辞退。

销售人员和销售经理应该明确自己的位置和职责所在，当他们面对经销商的时候，双方就形成了谈判的局势。　面对经销商一而再，再而三提出的要求，销售人员和销售经理竟然毫不犹豫地做出了让步，甚至销售人员还在为对方找理由，这根本就是本末倒置的做法，最后弄得职位不保也是咎由自取。

宋某是一家冷饮公司的销售经理，M超市与经销商的销售量分别占总量的30％、70％。　依据年初与M超市签订的协议，超市有权要求厂方在协议计划量70％～150％的范围内及时供货。

进入6月以后，全国大部分地区持续高温，冷饮的需求量猛增，即使公司的员工加班加点还是满足不了市场的需求。一个星期以前，M超市要求增加订货10万箱，前天追加了8万箱，今天又追加了4万箱。　宋某派人把库存的4万箱货全部送过去了，但还是远远不能满足超市的要求。　M超市发来邮件，提醒宋某，依据协议，厂方必须满足超市方面150％计划量的供货要求，否则超市将采取进一步的措施。　同时超市又提醒：据了解，近期厂方给其他经销商发了至少50万箱的货，对此超市方面表示严重抗议。

作为一个新投入市场的冷饮品牌，有这样的销售势头，宋某很开心，除了天气原因外，投入的市场努力没有白费。　于是，宋某决定给超市回个邮件，想借此机会改变一下与超市的谈判地位。信件内容如下：

M超市：

非常感谢这一年以来贵超市对我们的支持，我们为有你们这样的合作伙伴而深感荣幸。突如其来的持续高温，让贵我双方都感受到了市场的热情。这种热情通过气象方面的证实还要持续一段时间，贵方关于供货现状的感受我方非常重视，为了双方更好地合作，我方建议如下：

（1）我方希望在贵方收银台增设冷藏柜，冷藏柜由我方提供，贵方提供场地与冷藏柜使用费用。

（2）请贵方在饮料冰棍体验区增加我方产品的投放数量。

（3）如果贵方能够满足我方的这些请求，就更加证明了我们的合作关系已经非常融洽。当然我方也非常乐意以日产量的35%向贵方供货。

（4）如果贵方对我方的建议没有异议，本人明天将亲自送货过来，并与贵方就我们达成的共识签署一个文件。

×× 冷饮公司宋某

毫无疑问，宋某是一位谈判高手，正是因为他抓住了M超市急需冷饮产品的弱点，并且加上自己本身冷饮公司的市场效应，从而向对方提出了有力而有效的要求。M超市经过理智分析之后，再加上对方所提供的冷柜设备等优惠条件，而且供货也会更加积极，想必是不会有太大异议的。

而第一个案例中的销售经理就犯了一个很严重的错误——迁就经销商的拖延行为，销售人员更是"敌我不分"，帮着经销商说起好话。他们认为，既然签订了销售计划，那么，就不会出现任何问题了，其实并不是这样的。宋某的公司不是一样跟 M 超市签订了协议吗？所谓的什么都可以谈判也包括任何时段的谈判，即使是在计划已经制订，协议已经签订的情况下，只要你能够抓住有利于己方的机会，向对方发动"攻击"，那么，往往胜出的就是你。毫无原因的让步或者妥协只会让你站在谈判的劣势地位，不得不在整个谈判过程中仰望你的对手。而且，一旦你的对手提出进一步的要求，即使是无理的要求，你也没有任何反抗的能力，更不用说是还击了。

做好准备工作

培根说过："谈判不是一蹴而就的事。播种之后，必须等它成熟时才能收割。及早做好准备，是谈判的必要工作。"

一般来说，谈判的准备工作包括以下几方面：

1. 明确谈判目标

谈判目标就是在谈判中所要争取的利益，任何一次谈判都应以目标的实现为导向。因此，在谈判前要确定自己在谈判中的主要需求。

一项谈判可能会涉及多项目标，因此要对这些目标确定一个优先顺序，从而使次要目标服从主要目标。优秀的谈判者常常会将自己的目标划分为三个层次：（1）必须达成的；（2）立意达成的；（3）乐于达成的。在这三个目标中，乐于达成的是己方争取的最优期望目标，在必要时可以放弃；立意达成的是己方力保的实际需求目标，只有在万不得已的情况下才考虑放弃；必须达成的是要坚守的不能被突破的最低目标，毫无讨价还价的余地。这样，就给自己的谈判划定了一个明确的界限。

再者，谈判目标因谈判的具体内容不同而有所差异。比如谈判是为了推销产品，目标就是销售量和交货量；如果是为了获得资金，目标就是争取资金数额和时间。 总之，谈判目标的内容依据谈判类别、谈判进程的需求而定。

2.制定切实可行的谈判方案

谈判方案是谈判人员预先对谈判目标等具体内容和步骤所做的安排，是行动的指针和方向，关系到对谈判的整体规划。 它包括以下内容：确定谈判目标、规定谈判期限、拟定谈判议程、安排谈判人员、选择谈判地点。

在谈判方案的可行性研究阶段，还需要拟定出谈判的各种方案进行比较和选择。 因为谈判可能不会按照自己的预期设想达成协议。 不论是己方还是对方的原因，最终可能无法实现所有目标。 所以应制定几套替代方案，并从中选出最佳替代方案，以便自己有回旋的余地。 而能使己方获取最大利益的方案就是最佳谈判方案，在谈判时要尽可能按最佳方案执行。

3.制定谈判策略

谈判策略是谈判人员为达到预期的目标，根据形势的发展变化而制定或采取的行动方针和谈判方式。 制定谈判策略就是谋定而后动，这样有利于明白自己的选择范围有多大；什么是自己的王牌，何时打出；哪几种方案对对方最有吸引力。知道这些后方便了解自己的弱点，准备好应对的方案。 比如己方产品的质量不高，价格就要相对便宜；价格偏高，交货期就要缩短等。 了解了自己的弱点，有时会把优点衬托得更为明显。

4.了解谈判对手

谈判对手的资料是由企业和谈判方组成的，包括企业背景、性质、规模、资金情况、信誉等级、经营状况及经营战略等。

企业资料主要偏重于谈判对方的主体资格(是否享有谈判的权利和履行谈判义务的能力)以及销售政策、销售组织、价格政策、行业地位、市场份额等。

谈判代表个人资料包括企业职位、授权范围、职业背景、谈判风格及性格爱好等。 对方的企业资料和谈判代表的个人资料固然需要了解，但同时还要对对方的谈判方案有所了解，以便于研究对方可能提出的方案和这些方案对己方的利益影响以及应对办法；对可能发生的情况进行预测，从而为比较和选择方案提供依据。

5.分析谈判大环境

谈判大环境包括政治状况、宗教信仰、法律制度、商业做法、社会习俗、财政金融情况、基础设施与后勤供应、气候因素等，这些资料许多公开出版物及政府机构的经济调查都可以提供。 谈判中有些分歧就是由这些大环境对谈判人员的影响造成的。 因此，对己方来说，掌握这些资料有备无患。

6.制定谈判议程

谈判议程是谈判准备中的重要工作，它包括谈判时间的议定、谈判地点的安排、谈判议程的审议等。

谈判议程的决定权是十分重要的。拥有谈判议程的决定权可以集中精力或隐藏重要事由；可以设立期限，确定讨论规则，为己方赢得方便；可以区分事由的轻重以便按照自己的顺序安排。

合理的谈判议程能支配谈判进程和节奏。为了提高谈判效率，需要制定出一个双方都认可的谈判议程。以文字形式记录下来，给对方留出准备和做出反应的时间，但也不要被它拴住。

谈判的准备工作还包括许多方面，如组建谈判团队、选择谈判场地等。总之，这些准备工作互相联系，互相影响，在谈判中所起的作用也不同。谈判人员可以视谈判进程灵活运用，达到自己的目的。

组建强有力的谈判团队

商务谈判高度紧张、复杂多变，需要大量的信息资料和多方面的专业知识，不是谈判代表单枪匹马就能完成的。因为即使是经验丰富、专业知识丰富、个人素质高的谈判高手，同对方多人谈判时，也难免会出现一些失误，如在某些问题上可能会估计不足，使谈判策略大打折扣等。所以，当谈判项目比较复杂、涉及的范围较广、专业性较强时，要使谈判达到预定的目标，就需要组织一个规模适宜、结构合理、高质高效、性格互补的谈判团队。

与个人谈判相比较，团队谈判有很多明显的优势：可以使用黑白脸等策略弱化对方的进攻；不同部门、不同领域的知识互补，有利于从不同的角度分析问题，防止错误出现；可用己方意见不一致为借口与对方周旋。总之，团队谈判不仅让对方更重视，而且还会给对方造成一种无形的压力。

一般来说，谈判团队的人数取决于谈判涉及的交易规模和对方的出席人数，通常以四人左右为宜。

1.选择适当的谈判人员

组建的谈判团队是否优秀，谈判人员的选择很关键。作为谈判的组织者，能否根据谈判内容的难易和谈判对手的特点，选择不同特征的人参加谈判至关重要。 如果选择的谈判人员不合适，谈判只能以失败告终。

战国时期，范蠡的次子因为杀了人，被囚禁在楚国的监狱里。 他决定派自己最小的儿子到楚国去通融一下。 可是，大儿子因为没派他去感到没面子，竟然要自杀。 范蠡只好派长子前去，同时告诫他到了楚国一切要听自己的好友庄生的安排。

范蠡的长子和随从带着1000两金子来到楚国后，按照父亲的嘱咐来找庄生。 庄生明白了他的意思，于是让范蠡的长子马上离开楚国，而且保证他的弟弟会被保释。 范蠡的长子听了之后假装离去，却自作主张地留了下来。

一天，庄生觐见楚王时，对楚王说自己夜观天象，发现国家将有一场大灾难，建议大王大赦天下避免这场灾祸。 楚王听了庄生的话，于是下令赦免囚徒。

范蠡的长子听说后认为自己的弟弟当然也应该被释放，1000两金子算白送了。 于是他又来到庄生家。 本来，他当初送给庄生1000两金子时，庄生并不想接受，但又怕他认为自己是拒绝帮忙，就先收了下来，准备事情办成后再还给范蠡。这时，见到范蠡的长子再次登门，庄生便明白了他的来意，让他把那1000两金子带了回去。

等范蠡的长子离开之后，庄生感到很愤怒。 这种出尔反尔的态度不是对自己的愚弄吗？于是庄生又一次去面见楚王说：现在人们传说范蠡的儿子因为杀人被囚禁在我国，他家用大量的金子在贿赂大王的手下。 大王本来是想实施仁政，如此一来，您的威望反而大大降低了。 楚王听了以后，立即下令把范蠡的二儿子杀掉，然后再赦免犯人。

这样，范蠡的长子哭哭啼啼地回家了。家里人听说此事后非常悲痛，只有范蠡明白，是他把老二害死的。

范蠡的大儿子固然在谈判中存在着很多不足之处，但对大儿子非常了解的范蠡却成全他，不能不说是严重的失误。正应了古话"智者千虑，必有一失"。前车之辙，当为后人明鉴。

英国哲学家培根说过："如果你为某人工作，你必须知道他的个性习惯，以便顺着他、引导他；知道他的需求，从而说服他；知道他的弱点，从而使他有所畏惧；知道他的喜好，从而支配他。"所以，如果你是谈判小组的负责人，就必须对每一位小组成员进行全方面的了解。一般来说，考察他们的性格特征、能力特征，选择情绪稳定、沉着冷静、责任心强的人员进入谈判班子，会推动谈判的进程，达到最佳的效果。

另外，在选择谈判成员时，年龄和身体状况也是重要的考虑因素。因为一些大型谈判就像围棋比赛一样，是一场艰苦的持久战，它需要耗费大量的精力和体力，这就要求谈判成员除了要掌握必要的专业知识、一定的谈判技巧以及具备良好的沟通能力外，还要具备旺盛的精力与充沛的体力，具备较强的心理承受力和独当一面的能力。所以，谈判人员的年龄以中青年为佳。

2.组团原则：取长补短

（1）知识互补

谈判是一场群体间的交锋，所以谈判班子成员首先要有各自必备的专业知识，同时相互之间的知识结构要具有互补性。

所以，谈判团队应由不同领域的专家组成，一般包括营销、财务、技术、法律等专业人员。这样，在解决各种问题时就能驾轻就熟，有助于提高谈判效率。

比如有关商品交易的，可由主管该项目的业务人员参加；关于技术引进的，可由业务人员、技术人员、法律工作者共同组成谈判小组。另外，可根据谈判进程决定人员何时上场，何时退场。这样，既保证了谈判的需要，又使谈判小组的规模保持在合适的水平，节约了己方的费用。

（2）分工明确，主次分明

每一个团队中都有一名主谈人，在谈判中主谈人拥有拒绝权和最后的决定权。一位优秀的主谈人不仅要掌握谈判的相关技巧，还要具备良好的沟通能力，能够领导全体成员达到预定的目标。但为了减轻主谈人的压力，有必要确定辅谈人。两者之间的配合也要非常默契，不但性格互补，其他方式的支持也很重要。

曾经的外经贸部部长龙永图在中国入世谈判时曾选过一位秘书。当龙永图选该人当秘书时全场哗然，因为在众人眼里秘书都是勤恳谨慎、做事稳重、对领导体贴入微的人。但是龙永图选的秘书则大大咧咧，从来不会照顾人。

每次龙永图和他出门都是龙永图走到他房间里说：请你起来，到点了。对于日程安排，他有时甚至不如龙永图清楚。而经过核查，十次有九次他是错的。而且他从来不称呼龙永图为"龙部长"，都是"老龙"，或者"永图"。

但为什么龙永图会选他当秘书呢？当时由于谈判的压力大，龙永图有时候会和外国人拍桌子。每次回到房间后，其他人都不愿自讨没趣到他房间里来，唯有那位秘书每次不敲门就走进来，跷起腿，说龙永图某句话讲得不一定对，等等。而且他还经常出一些馊主意，被龙永图骂得一塌糊涂。但他最大的优点就是经骂，无论怎么骂，他五分钟以后就又回来了，"哎呀，永图，你刚才那个说法不太对"。

在当时难以听到不同声音的情况下，那位经骂的秘书对龙永图的暴躁脾气就显得分外重要了。

中国入世谈判成功以后，龙永图的脾气好多了，稀里糊涂的秘书已不再适合他的"胃口"，于是龙永图很快把他安排到了其他岗位。

我们都知道，无论什么工作，人都是最主要的因素。所以，对谈判人员的确定和选择是关系到谈判成败的大问题。组成一个强有力的谈判团队，是取得谈判胜利的关键。

该怎样去搜集情报

谈判时的情报搜集工作非常重要，一般有以下几种方法可以采用：

1. 善用统计数字。有些统计数字很容易在政府出版物中找到，却常常被我们忽略。例如物价指数、各行业平均薪资、某个行业的进出口数字，或全国平均多少人有一辆汽车等，这些数字可以帮助我们分析社会及产业发展趋势，在谈判时十分有用。

2. 聘请顾问公司或公关公司去搜集情报。曾经有一些业界朋友询问怎么在日本跟日本人谈判？事实上，日本人谈判的一大特色就是他们的资讯搜集得特别丰富，这点我们常自叹不如。如果今天我们要到日本谈一件事，比如谈由日本商社代理我们在日本地区的一项业务，我们可能会感到情报工作上的力有不逮。这时该怎么弥补？聘请日本的顾问公司在日本搜集情报或许是个可以考虑的方式，因为顾问们一定比我们更熟悉自己的国家。

3. 货比三家。这几乎是不变的真理，从小型买卖到大型交易，都必须货比三家。不过，在这里我们要强调的是，除了比价之外，还要有情报资讯的敏感性，能分得出哪些情报有用，哪些没有用，而且把所有可能发生的情况都考虑得十分全面。 未来学学者托夫勒写的《大未来》，对资讯的重要性有相当精辟的阐述，你可以找一本中译本来看看，会有意想不到的收获。

货比三家还包括到海外搜集情报，去看看同一家供应商卖到其他国家和地区的价格标准。 只有多收集资料，才可以交叉验证，获得更多有用的情报。 也只有对业界行情了如指掌，我们才能有效整合市场的竞争力，作为向原料供应商杀价的筹码。 把日常生活用的"别家都那么便宜，你怎么那么贵"的说法转化成市场占有率的理性分析，说服力会大为提升，而我们要做的无非是平时日积月累的资讯搜集。

4. 在谈判桌上发问也是一种方式。 永远记得，谈判时不管我们准备得如何周详，一定还有盲点存在，这时最好的方法就是上了谈判桌再发问。 我们一定要养成发问的习惯，千万不要以为我们知道对方要什么(你怎么知道对方昨天要这个东西，今天还会要同样的东西)，自作聪明会误事。 多问、多看恐怕是收集谈判资料中最常用，也最实在的方法。

应该设计什么问题去问对方

谈判前我们一定要设计好一些问题向对方请教，这些问题可能是为了获取资讯，也可能是为了测试对方，投石问路。

如果要获取资讯，我们最好由开放性的问题开始，然后再问封闭性的问题。比如我们问对方："昨天你去哪里了？"这是开放性问题。问他："昨天你有没有去公司？"这是封闭性问题。如果我们先问对方昨天他有没有去公司，他只要回一句"没有"，这个对话就很难往下接了。所以最好用"漏斗型"的发问法，上大下小，即先用一般性问题开头，然后从中抽取几个特定答案再往下追。

投石问路的法则是从四面八方围绕着一个主题发问，一方面观察对方的意向，一方面可以将所获得的资讯交叉验证。比如问对方："如果由我们负责运送，那么售价会降低多少？""如果我们签约三年，价格可便宜多少？""如果我们不要赠品，价格是否还是一样？"这种投石问路的方法往往可以得到许多宝贵资讯。

与这类似的，是从其他侧面问题问起。比如我们可以有意无意地谈到兼职人员的优秀或难以管理，对方因而也会不自觉地开始大谈他用了许多兼职人员的苦水或得意之处，于是我们就可以从他的话里得到他大致的人事成本，这对谈判而言，自然又是一份有用的资讯。

在设计问题时，我们心中一定要有一套发问的逻辑，可是开口发问时，却可以跳着问，东问一个西问一个，让对方猜不透。因为如果被对方猜透，他就可能顺着我们的意思来给出答案，或顺着我们的好恶讲些言不由衷的话，那么这种发问还有什么意义？

如果谈判开始一段时间后，我们发现问题一直都没得到预期的结果，那么此时就可以喊暂停，离开谈判桌检讨一下原因，或设计新的问题再回到谈判桌前。只要头脑清楚，不迷失方向，发问是很管用的一种谈判技巧。

第二课

谈判中，运用策略和技巧

营造良好的谈判气氛

不同的谈判气氛对于谈判是有重要影响的。首先，它可以影响谈判的发展方向。一种谈判气氛可以在不知不觉中把谈判朝着某种方向推进，如热烈、积极、合作的谈判气氛，会把谈判朝着达成一致的协议方向推动；而冷淡、对立、紧张的谈判气氛，则会把谈判推向更为严峻的境地，甚至导致谈判失败。

其次，它会影响谈判人员的心理、情绪和感觉，从而引起相应的反应，如不加以调整和改变，就会强化这种气氛，影响谈判的成败。

总的来说，热烈、友好、积极、建设性的谈判气氛有着诚挚、合作、轻松和认真的特点。所谓诚挚，就是有要达成交易的迫切愿望，有同对方做成生意的诚意。合作，就是双方为实现各自的目标，相互配合，相互支持。轻松，就是双方谈判者处于不拘谨、不对立、应付自如的状态。认真，就是以严肃负责的态度，积极主动地搞好谈判，力争交易的实现。

在约定的时间，如果我们迟到，心中难免感觉自己落了下风，而不易推进自己的话题；相反，若是自己先对方而到，心中便会有充裕的感觉，较对方具有优越感。尤其是遇到对方是位难缠的人，则越有这种心理倾向。

如果一开始就占优势则必影响你对整个事件的顺利推进，所以遇到这种交涉场合时，最好是比对方早到，以置对方于你的优势之下。

实际上，从双方走到一起准备洽谈时，洽谈的气氛就已经形成了，而且一旦延续下去，以后很难改变。因为这时，热烈或冷漠、合作或猜疑、友好或防范等情况已经出现了；行动已经表现出不是轻松便是拘谨；谈判的形式已经确定——谁发言、说多少，双方的策略已经明细，甚至已达到知己知彼的程度。

创造谈判气氛的关键取决于谈判双方人员刚接触的瞬间所采取的方式和态度。形成洽谈气氛的关键时间是短暂的，甚至是极为短暂的，可能只有几秒钟，最多也不超过几分钟。有经验的谈判人员，常常以热情友善的方式来创造谈判气氛，或者互致问候，或者主动问问对方的一些情况，或者抓住对方成员中自己曾认识或接触过的熟人先打招呼，并主动站出来为双方的初次见面做一番热情洋溢的介绍，叙说旧情，等等。这些方式远比简单的寒暄效果好。

有时，在谈判过程中，气氛会有所发展。但是，在洽谈之初建立的气氛是最关键的，因为这种气氛奠定了洽谈的基础。

当然，洽谈气氛不仅受最初几秒钟发生的事情的影响，而且还受到双方见面之前预先接触，以及洽谈中的接触的影响。开始时建立起来的良好洽谈气氛也会恶化，我们必须在整个洽谈过程中采取积极的措施，防止这种情况的发生。

创造谈判气氛绝非是做表面文章。友好热烈的气氛有助于谈判的顺利进行，因为，在谈判开始的瞬间，谈判人员大脑的活动十分活跃。 首先是外部刺激信号的接收，即对方走进谈判场所的情景、目光、姿势、手势、动作、态度、语气、声调等都会对谈判人员的大脑产生影响，然后是对这些信号的反应，比较典型的情况是谈判双方或某一方会表现出对谈判感到紧张、信心不足、猜疑，甚至是防范心理。 所以，在谈判开局时，每个谈判人员都要把自己看作谈判环境的一部分，做好充分的思想准备，巧妙地以恰当的信号刺激对方，争取在短暂的时间内创造出积极、融洽的谈判气氛。

观察不同客户的性格和心理特征

"人心不同，各如其面。"每一个人性格、环境、成长的经历不同，绝难找到一个想法、见解和自己完全一样的人。所以说要看人说话。在这之前，必须了解对方的背景和特性。一般来说，了解对方的背景应从以下方面着手，即性格类型、学历、生活的时代背景、生活方式及衣、食、住、行和语言、嗜好、消费倾向，等等。能在与对方谈判之前仔细研究、分析一下对方的背景资料，对你的谈判是大有助益的。

每个人的嗜好、想法都不一样，所以我们经常遇到的对手也是各不相同的。与人谈判时，倘若能够明白对方属于何种类型，应付起来就比较容易了。现在列举几类人的情况，并提出可供参考的对策。

第一类：死板的人。这种类型的人，就算你很客气地和他打招呼、寒暄，他也不会做出你所预期的反应。他通常不会注意你在说些什么，甚至你会怀疑他听进去没有。遇到这种情况，你就要花些工夫，仔细观察、注意他的一举一动，从他的言行中寻找出他所真正关心的事。你可以随便地和他闲聊，只要能够使他回答或产生一些反应，那么事情就会好办了。接下去，你要好好利用这一话题，让他充分表达一下自己的意见。因为每一个人都有他感兴趣和关心的事，只要你稍一触及，他就会开始滔滔不绝地说起来，此乃人之常情，所以你必须好好掌握并利用这种人的心理。

第二类：傲慢的人。 这类人自视清高、目中无人，时常表现出一副"唯我独尊"的样子。 像这样举止无礼、态度傲慢的人，实在叫人看了生气，是最不受欢迎的类型。 但是，当你不得不和他接触时，应该如何对付他呢？对付这种类型的人，说话简洁有力才行，最好少跟他啰唆，多说也无益。 同时，你要尽量小心，以免掉进他的圈套里。 当然，每个人都有自己的立场和苦衷。 这种类型的人也可能自觉"怀才不遇"，或怨恨自己运气不好，无法早点出头。 因此，我们只要同情他，而不必理会他的傲慢，尽量简单扼要地谈判就是了。

第三类：沉默寡言的人。 和不爱开口的人交涉事情是非常吃力的，因为对方过于沉默，你就没办法了解他的想法，更无法得知他对你是否有好感。 对于这种人，你最好采取直截了当的方式，让他明确表示是或不是、行或不行，避免迂回式的谈话。 你不妨直接地问他："对于 A 和 B 两种办法，你认为哪种较好？是不是 A 方法好些呢？"

第四类：深藏不露的人。 这种人不肯轻易让人了解其心思，有时甚至说话不着边际，一谈到正题就"顾左右而言他"。 双方进行谈判，其目的在于了解彼此情况以使任务圆满完成。 因此，必须经常挖空心思去窥探对方的情报，使对方露出他的"庐山真面目"来。 必要时，可以把自己预先准备好了的资料给他看，或提供某些信息诱使对方表态。

第五类：草率决断的人。 这种类型的人乍看好像反应很快。 他常常在谈判进行至最高潮时，忽然做下决断，给人以"迅雷不及掩耳"的感觉。 由于这种人多半是性子太急，有的时候为了表现自己的"果断"，决定就会显得随便而草率。这种类型的人，经常会因为他的"反应"太快而对事物产生错觉和误解。 其特征是，没有耐心听完别人的谈话，往往断章取义，却以为做出了聪明的决断。 和这类人谈判时，你可以把谈话分成若干部分，说完一部分之后，马上征求他的意见，而不要一下子用完所有的筹码。 争取能够利用对方的冒失，以最小的付出赢得最大的收益。

先投石问路，再步步为营

投石问路是一种策略。运用这种策略，谈判者可以从客户那里得到通常不易获得的资料，从而做出更好的选择。这个策略一般是这样运用的：

假设一个谈判者要购买 2000 件衣服供给全国的销售网。于是他要求卖主分别就 200、2000、10000 和 25000 件的衣服来估价，一旦卖主的标价单送来，敏锐的买主就能从标价单中得到许多资料了。他可以估计出卖主的生产成本、设备费用的分摊情况、生产能力、经验丰富与否以及价格政策。因此买主能够得到比购买 2000 件衣服更好的价格。因为通常很少有卖主愿意失去比一两百件还要多数倍的生意。

谈判者要求卖主对于他所不需要的数量加以估价，这是投石问路的策略，是取得资料的好方法。

人们在购买东西时，经常运用"投石问路"的策略。通过以下一些问题往往能够达到较好的效果：

（1）假如我们的订货数目加倍，或者减半价格如何呢？

（2）假如和你们多签订一年的合同呢？

（3）假如我们将保证金减少或增加呢？

（4）假如我们自己提供工具呢？

（5）假如我们要买好几种产品，而不只购买这一种呢？

（6）假如我们让你在淡季接下这项订单呢？

（7）假如我们自己提供技术援助呢？

（8）假如我们要分期付款呢？

任何一块"石头"都能使买主更进一步了解卖主的商业习惯和动机。

此外，还有一种方法叫试错印证法，即在与对方的合作中有意地犯一些错误，比如念错一个字，或者用错词语，或者把价格算错、报错，这样诱导对方表态，然后再根据对方的表态借题发挥，最后达到目的。例如假设我们是卖方，对方是一个对数字很敏感的财会人员，在产品罗列之后，故意不把其中的1000元钱加到总价里边，少1000元钱，对方作为一个很谨慎的财会人员，很容易发现这个错误。他发现价格便宜了1000元钱，觉得有空子可钻，就会希望在我们还没有发现这个错误之前尽快达成协议。

然后，利用他的这种贪小便宜的心理，在达成协议之前，我们可以把这个错误的数据拿给领导看，然后告诉对方少算了1000元钱，对方可能会赖账，这时候可以跟他说：这是我的权限范围，少算了1000元钱，如果不承认，就从我的工资里扣，除非再去找领导申请，看他能不能同意便宜一些，但是不可能1000元钱全优惠，要不然就得从我工资里扣。人一般都有同情心，他不会希望从工资里把钱扣出来，而会同意你去找经理谈，实际上他的精力都集中在我们故意犯的这个错误上，而忽略了其他的大局，这样就使谈判很容易达成。

利用以上方法去探测竞争对手谈判的底牌，在此基础上步步为营，谈判者就可以掌握谈判进程的主导权了。

◇ 奇招迭出，才能占领先机 ◇

请分别报一下500件、2000件、10000件、25000件衣服的报价。

想购买2000件衣服，让对方先报不同数量的价格，据此摸清对方的成本和生产能力。

投石问路，是探询对方商业信息的有效途径。

从对方的面部表情、肢体语言和观点中观察对方的弱点和漏洞。

从对方软肋下手。成功的谈判者是擅长分析和抓住对方弱点的人。

从对方软肋下手

俗话说"半夜吃柿子拣软的捏"。谈判桌上运用此招，威力无穷。

我们都知道谈判时分析把握对手弱点的重要性。事实上，谈判能到达最高层次是分析把握对手弱点。成功的谈判者也是一位擅长分析和抓住对手弱点的人，似乎已是不可争辩的事实。

分析对手"软肋"的过程要避免主观臆测。臆测往往会引你远离你的真正目标。所以，你要尽力避免对你的对手做臆测。例如，不要臆测他想用面部的表情或眼光的接触来做过多的推测。有时候臆测可能是正确的，不过最好是尽可能避免，因为臆测在大多数情况下是错误的，是谈判的障碍，所以不要妄下判断，而要保留对对手的评断，直到证据确凿。注意摒除自己的偏见，纵使自认为思想最无偏见的人也不免心存偏见。所以要诚实地面对、承认自己的偏见，并且聆听对手观点，容忍对方的偏见。要养成做笔记的习惯，做笔记不但有助于发现对手弱点，而且能取悦对方。如果有人重视你所说的话并记录，你不会受宠若惊吗？

使用自己的话语查证对手，把"探察信号"传达给你的对手，观其反应。要达到此目的，你必须聆听。只有聆听，才能学着去了解对方，找到对手的弱点，并决定如何做才能最有效地把握对手的弱点。

把你们的谈话当作乒乓球比赛，而不是保龄球比赛。 在乒乓球比赛里，两位球员互相影响、互相作用、互为牵扯，但是在保龄球比赛中，两个个体各自打球，其中一人打球时另一位仅是等待。 谈判时千万要避免保龄球形式。 另外谨记简单原则，使用简单易懂的常用字。 还要仔细分析对方，端详对方的脸、嘴和眼睛，集中注意力于对手的外表。 这能帮助你发现对手弱点，同时，能完全让对手相信你在聆听。

谈判就像是享受美味的牛排大餐。 从牛排中获得最大享受和最大好处的方法：一是把牛排切成容易处理的小块；二是细细咀嚼这些小块；三是吞咽；四是消化。 如果谈判也同样采用这四个步骤，你便走上了成功之路。

分析对手弱点就是"切牛排"的过程，这道理并不难理解。 的确，分析对手弱点并不容易，但在旗鼓相当的相持中创造机会是你的工作，要达此目标，最好做好通盘计划。 如果你环顾四周，会发现最有效的谈判并不是最机智的谈判，而是最简明的谈判。 简明地提出论点并不意味着你很简单，而是意味着你对对手弱点了然于心，并能准确地把握。

所以，不管你运用怎样的战术，必须了解客户的心理弱点，根据对方的心理弱点采取对策。 要避免触犯对手的心理禁忌。 你的成功取决于你分析对手弱点的能力。 不善于分析对手弱点的人，也就相当于那无法把牛排切成可嚼碎片的人。这些人切成的牛排块太大了，最后不得不卡在喉咙里。

学会引导话题

人们在紧张的心理状态下，突然被揭示另一方向的话题，便很容易把注意力转移到另一方去。

某些国家的国会质询问答时，经常可以看到这种场面：被某党议员们严厉追问的另一政党的议员们，不慌不忙地、轻易地便将话题移开："关于这件事，正如先生所言，的确非常有道理，但是，暂且先谈刚才那个提案……""正如您所言，这是非常重要的问题，所以稍后调查再做报告，在这之前先……""这些宝贵的意见且先搁置，我们换个角度来看"就这样巧妙地转移了主题，诱导到利于自己结论的答辩确实有很多。这也可称为一种"转移话题法"，在话题要走向不利于自己时转换话题的一种技巧。

人们在处于非常紧迫的心理状态时，无意中被提示一句另一方向的话时，不知不觉中便会把注意力倾向另一方去，这在越紧张的场面越能发挥效果。

据说骗取了大量金钱的骗子们，在被迫还钱时，便会圆滑地把话题转移到下一个赚钱的话题中，从而诈取更多的钱财。这种心理使俩乍看好像只适合欺骗小孩子，但是当对方语气尖锐地逼问时，或是当对方热衷追问某一件事时，却意外地有效，可以在转瞬间就转移了对方的心情。

比如小孩子吵着要玩具，大人不知怎么办时，突然指着天空说："快看飞碟。"那么就可以转移孩子的注意力。有人把这称为"对话中的飞碟战法"，这也是十分符合心理学的一种高明手法。

作为这种战法的变化，"待会儿再说""或许稍微离题了，但……"从主题平和地转移到别的话题的方法也有，比如在谈判或会议中，想要使自己的主张或意见通过时，以转移话题法插进一句相关的话，便可以使人附和自己的话，而且使用这种手法的话，对方便会毫无抵抗地接受。

学会示弱与糊涂

培根在《商谈论》中曾经提到和一个荒谬的人谈生意是不会有好结果的。他发现和愚笨无知的人打交道非常困难。同一个犹豫不决、愚蠢琐碎、蛮不讲理而又顽固不化的人打交道，会被弄得筋疲力尽、垂头丧气，不知如何是好。最后只好主动让步结束这笔生意以解除痛苦。

抓住人们怕和"傻子"打交道的心理，以"无知"为武器来争取谈判的胜利，是一种可供利用的谈判技巧。这种战术既可以麻痹对方，考验对方的决心和耐性，又能争取到足够的时间来回避对方所提出的尖锐问题，而从容地思考和向专家请教。斯宾诺莎说"无知并不是证据"，但"无知"在谈判中却可以成为一种厉害的手段。如果一个买方对你说："我不管你们的情况，我什么也不知道，我反正只有这么多的钱，我只能出这个价，不能再多了！"你会发现你遇到了一个很犟的人，和他讨价还价是徒劳的。另一方面，如果一个卖方说："我是个大老粗，才疏学浅，不懂什么成本分析。我只知道大家都是卖这个价，少一分钱也不能卖。"那就休想向他询问有关成本的问题，而原来所收集的资料数据、专家分析等都会不起作用。如果急于成交的话，也许就只好按他的出价来办。但如果知道对方不过是在假装糊涂，是在施行一种策略，那最好不要自生烦恼，可以冷静地思考对策。 例如在价钱上，如果买方坚持只有那么多钱，表示一分钱也不能多付，这时可以答应，但是从数量或质量上打折扣；如果卖方坚持一分钱也不能少卖，买方也可以坚持只有这么多钱，一分钱也不能多给。 如果有足够的决心和耐心的话，就会发现当问题真正触及对方利益时，"牛"也会知音的。

要保持清醒的头脑，善于示弱和假装糊涂，同时不被假装糊涂者所欺骗，对每一桩谈判和每一宗贸易都要弄个明明白白、一清二楚，以防上当。

后发制人

在谈判中，我们有时会遇到某些不好应付的对手或比较棘手的难题，而自己又缺乏足够的准备，如果我们坚持主动进攻，企图获得先机之利，往往会欲速不达、弄巧成拙。因此，在这种情况下，有经验的谈判者往往会采用后发制人的策略，即先安于谈判的被动地位，留给对手以充分展示的机会，也不急于反驳或申辩，以尽量创造良好的交流合作气氛，同时纵观全局，思考对策。在避过了对方的锋芒之后，抓准机会借题发挥，步步为营，有理有节地扩大成果，最终达到成交的目的与效果。

"后发制人"是一种反攻的战术，它要求谈判人员在谈判初期不急于攻击对方，直到时机成熟，对双方形势了如指掌的时候，再集中力量攻击对方的弱点。它最大的优势就是能做到"有的放矢"，因为你已经有很明确的"目标"，知道对手"最薄弱"的地方在哪里。在谈判中，如果你没有占据优势时，就必须具有"后发制人"的心理准备。

运用后发制人法应掌握如下要领：

（1）在谈判之初，根据对方极力想表现自己、阐述观点、争取主动的心理状态，尽量多听少说，耐心倾听对方的发言。遇到不明白之处，有礼貌地请对方加以复述或解释，并适当地予以应和。这样做的目的，既是要满足对方的心理需求，创造良好的气氛，也是为了有充分的时间去察言观色，分析形势，透彻地了解谈判对手的谈判宗旨、实际需求、谈判作风类型、个性特点和其他有关的资料、信息，以便有针对性地制定相应的谈判对策。

（2）为了更好地赢得对方的信任、理解与合作，在认真聆听对方说话的过程中不但要温和谦逊，而且要尽量从对方的立场去了解、理解对方所要阐述的东西，当对对方的目的、顾虑、需求有了一定的理解时，不妨找个适当的机会从正面简要地陈述一下自己对对方观点的概括和理解（理解并不等于同意），给对方一个"知音"、通情达理者的印象，以便增进对方对自己的好感，从而更乐于与自己合作。

（3）在全面、准确地把握了对方的观点、要求之后，先充分地肯定对方谈话中的合理因素和我方所能接受的意见，表达自己对达成协议、友好合作的信心，然后抓住双方在重要问题上的意向差距，有的放矢地引用有说服力的先例或社会上、商场上的惯例，提出对双方利益都能合情合理地兼顾到的折中方案。在这一过程中，尽量利用对方曾说过的某些话来说出自己要表达的意思，使对方难以反驳。

（4）如果双方的分歧意见比较多，切忌不要一下子全部列举出来，因为这样容易使矛盾激化。对有些相对来说不太重要的问题，可以采取暂时回避的办法，不做正面反对，而集中力量抓住关键问题，以提出建设性意见的方式去温和地表述，力求使对方始终感到我方的目的不在于执意地强求什么，而在于探讨对双方合作最有利的是什么。

如何处理那些"不可谈"的项目

　　谈判时我们可能会列出一些绝对不能谈的项目，那么我们该怎么处理这些项目呢？要不要明确告诉对方，这些是没得谈的？通常谈判学者都会建议谈判者不要太快把话说死，因为你怎么知道事情没有回旋的余地？比如你有一个明朝的花瓶，你说绝对不卖，因为这是少有的珍品。可是如果有人拿个宋朝的花瓶来跟你换，你换不换？也许会吧！所以我们通常都建议谈判者打"活结"而不打"死结"。比如卖房子，我们最好说："谁出 800 万我就卖了！"而不是："不到 800 万，谁我都不卖！"

　　不要太早告诉对方什么东西绝对不能谈的另一个原因是，人家在听了以后很可能也会拿出一些东西，说那也是他那边绝对不能谈的，然后提议交换这些"不能谈"的项目。事实上，这些项目很可能只是他的谈判筹码而已，但我们却可能因此在谈判的迷雾中失去了方向。还有一种情况是，对方拿我们这些"不能谈"的项目当作武器攻击我们，要求我们既然那些项目不能谈，就应在别的项目上让步作为补偿。

　　所以谈判学者多半会建议，如果确实有不能谈的项目，最好把姿态放低，用一些技巧来引导谈判的进展，使其"闪过"这些"禁区"。例如，我们可以告诉对方："这件事对我倒没什么，但董事会却挺坚持的，我们是不是把它摆在后面，先谈别的议题？"也许待会儿等其他议题谈过了以后，再把这个"不可谈"的议题放在整体来看，它就不再显得那么"面目可憎"了。

如果对方执意要"攻坚"呢？我们还有一个方法来阻挡，那就是把它跟前面达成的其他协议做整批交易。 我们可以说："噢，我这整个方案是一套的，因为这个不能让，所以前面三个地方我才做了让步。 如果现在谈的这个问题我也让一点给你，那是不是前面三个议题我们也拿来重谈一遍？"如果对方不想浪费那么多时间，那这个"禁区"我们就算守住了。

第三课

掌控谈判中的关键要素

寻找共同点

回想一下，在最近参加的一次鸡尾酒会上你初次相识的某个人。你们最初的谈话很可能就是从寻找共同点开始的。人们在第一次见面时都会努力寻找相同点，例如："你能听出我的口音吗?""你见过我的朋友朗达吗?""你在哪儿上的学?"

下意识地寻找相似性是绝大多数人都会做的事。这是我们评判一个人是敌还是友，是威胁还是机遇的基本方法。和我们相似的那些人可能和我们有着相同的特点，因此更有可能和我们合作，而不是唱对台戏。

谈判者也是一样，他们也会努力寻找和对方之间的相似之处。最好在谈判一开始就这么做，这样有助于推动谈判的顺利进行并促成交易。

有大量案例可以证明相似性原则。在一项调查中，人们被随机地分为两组：猜多了的人和猜少了的人（每个人都要猜猜看一张纸上有多少个小黑点）。然后被告知自己属于哪一类（当然，事实上他们不过是随机地被告知自己属于哪一类而已）。随后他们开始和另一个人进行谈判。结果非常富有戏剧性，当得知对手和自己属同一种类型时，人们表现得更为合作。这一结果令人吃惊，因为这跟究竟猜了多少个小黑点其实毫无关系。 问题的关键在于，人们会更多地与想象中和自己相似的人进行合作，而与想象中和自己不同的人进行竞争。这告诉我们有必要寻找和对方之间的相似之处。

另一项调查表明，如果游行者遇到和他们穿着接近的请愿者，更有可能在请愿书上签字。 不仅如此，如果请愿者和他们穿得一样，他们甚至有可能连看都不看直接就签了。

相似性原则同样适用于社交网络。 如果双方能找到同一个人作为联结点，会更容易喜欢上彼此。 举个例子，假设玛丽正和内德谈判。 即使之前他俩从未见过面，但玛丽发现内德认识(并且喜欢)乔斯。 她也喜欢乔斯，这就意味着玛丽和内德很可能和睦相处，使整个社交网络达到一种和谐的状态。

设定合理的锚定点

在一次调查中，受访者被问到联合国里有多少非洲会员国。如果不借助互联网搜索工具，绝大多数人不会知道具体答案，因此只能靠猜。在调查现场，人们站到了一个大转盘的前面。调查者转动转盘，有一半的时间里，指针指向一个较大的数字（例如100）；另一半的时间里，则指向一个较小的数字（例如10）。转盘上随机转出的数字会对人们的猜测结果产生怎样的影响呢？虽然根据一个随机的数字来猜结果，这么做毫无道理，但它的确会左右人们的判断。看到较大数字的人们会把自己猜的结果往下调，但下调的幅度不够（猜测的平均结果是50）；而看到较小数字的人们会把自己猜的结果往上调，但是上调的幅度也还不够（猜测的平均结果是15）。事实上，联合国的非洲会员国数目是54个。

关于大转盘的研究最有意思的是，每个人都知道大转盘的结果纯粹是个概率问题。因此，从某种意义上讲，人们本该完全不受大转盘上数字的影响。这显示了一点：即使初始参照点明显是非常随意，甚至是愚蠢的，仍然会对人们的判断产生极大影响。

人们评估事物的价值时，往往会以一开始获得的一个参考值为起点来做调整，但其实调整的幅度非常有限。

再举一个例子，调查者让人们猜测曼哈顿地区的黄页上登记了多少位医生的电话号码。当然，这种问题不经考虑谁也无法说出答案。有些人被问及这个数目同 100 相比是多还是少；另一些人则被问及这个数目同 100 万相比是多还是少。显然，曼哈顿地区的医生数量肯定不止 100 人，但也绝对到不了 100 万人。两个不同的锚定点导致人们对曼哈顿医生的实际数量做出了非常不一样的猜测。

在谈判中，你的初始报价就相当于一个锚——对方的初始报价也是如此。这意味着，对方过高的初始报价可能会在心理上左右你对谈判结果的看法。许多谈判者在对方报出一个火药味很浓的开价后便被牵着鼻子走，节节退败。该怎么办？在倾听对方的报价之前，要先确定好自己的开价，坚定自己的要求。

锚定点可以是数字，也可以是支持性的论据和数据。如果锚定点有事实、数据和逻辑做支撑，则效果更为持久。因此，用相关的信息证明你的初始报价非常合理，这么做要比简单报个价效果要好得多。

明确谈判的期望和目标

推动谈判者参与到谈判中的基础和根源是人的需求。但心理学对需求与动机问题的研究表明，真正推动人从事谈判活动的动力是动机，而不是需求，只有当需求具有某种特定的谈判期望和目标时，需求才能转化为谈判动机，从而驱使人为实现自己的期望和目标而努力。

可见，除了需求之外，期望和目标亦是驱使人进行谈判必不可少的又一因素。那么，人的需求与期望和目标之间到底有什么关系呢？

1. 期望理论

通常，谈判的双方代表为了某种需求，总是想方设法努力去实现自己的谈判目标。当这一谈判目标还没有实现的时候，这种需求变成了一种期望，于是期望本身就构成了一种巨大的力量，驱使人向着目标前进。

这种驱使人前进的力量就是谈判期望理论所讲的激励力量。

期望理论认为：人总是渴求满足一定的需求和达到一定的目标，这个目标反过来对于激发一个人的动机具有一定的影响，而这个激发力量的大小，取决于目标价值（效价）和期望概率(期望值)的乘积，期望理论可以用如下公式表示：

激发力量＝效价 ×期望值

其中激发力量是指调动一个人的积极性，激发人内部潜力的强度。目标价值，又称为效价，它是一个心理学上的概念，指一个人所从事的工作或所要达到的目标的效用价值，或者说达到目标对于满足个人需求的重要性。

这里所提到的期望值也叫期望概率，它是一个人凭着过去的经验来判断行为所能导致的结果，或所能获得某种需求的概率。由此可见，过去的经验对一个人的行为有较大的影响。

让我们再回头看这个公式，假如一个人把目标的价值看得越大，估计能实现的概率越高，那么，激发的动机就越强烈，焕发的内部力量就越大；相反，如果期望概率较低，或目标价值过小，就会降低对人的激发力量。

用期望理论来分析谈判活动，对谈判者具有一定的启发意义。几乎任何一个谈判都离不开双方的讨价还价，这实质是一个对双方的各自目标不断调整的过程。

为了更好地阐述这个观点，我们可以举一个小例子：

A、B双方进行某一买卖交易，卖方要提出自己的报价(目标)，那么买方代表这时至少要考虑两个问题：一是这一价格合理吗？能给我方带来多少好处？这实质是一个值不值得买的问题；二是以我方现有的财政等情况能买下吗？即可不可能实现这一目标的问题，或者说是对协议能否达成的可能性的一种估计。

前者涉及的就是效价问题，后者则是期望值的问题。如果买方认为这一价格很合理，值得买，也就是效价高，并且自己目前完全有能力买下，对谈判协议的达成充满信心，也就是期望值大。

那么，谈判对买方就有很高的吸引力和积极性，就能焕发出极大的内部潜能，全力以赴促使协议的达成。否则，效价和期望值如有一者降低时，都不可能使买方产生达成协议的强烈愿望和积极性，也就是不能产生谈判的激励力量。

可见，期望和目标以及两者的关系是谈判激励力量的源泉，是谈判获得成功的保证。所以，一个成功的谈判者必须了解和掌握这些问题。

2. 如何找准对方的期望和目标

合作是谈判中互相让步达成一致的结果，在工作和生活中，到处存在着合作的可能，当然也就离不开谈判了。

只要能够准确地判断出对手的期望和目标，谈判并不困难，首先你要有一个良好的心态，这是很重要的。

有时谈判双方未必都处在完全公平、合作意愿同样强烈的前提，但正因为如此，更需要有好的心态，尤其自己处于供大于求的卖方市场时。只有树立良好的心态，才能够准确地把握住对手的期望和目标。

在思考谈判的对策时，你可以把自己假设成对方，试着想一下对方会关心什么样的问题，他会忌讳什么、担心什么、希望得到什么。这样你才能找到对手的期望和目标，并以此与对方谈判，你们的合作就能很好达到双方预期的目标。

在谈判中，对方一切信息都有可能会告诉你他的期望和目标，比如，对方的行业、前景、现状、过去，如果可以的话，还

◇ 胸有成竹，积极谋取主动权 ◇

绝不接受对方第一次报价。无论买卖双方，首次报价往往具有试探性，是己方利益的最大化，并不是心里的底价。

基于对方急于融资的心理，敢于开出一个天价，争取利益最大化。

要了解对方的竞争对手和自己的竞争对手。这样对方的期望和目标就会暴露在你的眼前。

俗话说"知己知彼，百战不殆"。虽然在谈判中我们的谈判策略、底线、选择等信息都不能泄露给对方，但也不是什么样的信息都不能传达给对方。相反，你应该通过交换的手段与对手交换信息，这样才能真实地判断出对手的期望和目标。但要注意，与对方交换信息要点到即止，同时，多用问话式语言巧妙挖掘对方的信息。如果你能够在谈判中做到让对方欣赏你的诚信、你的品格、你的可靠等，对方很可能就会向你透露出自己的期望和目标。所以在谈判中不要表现得太精明，精明的人通常被别人加倍地防范和抵触。

当你已经准确地了解到对方的期望和目标，那么你就可以在对方所走的每一步前做好应对的准备。这时你就会发现，整个谈判的进程已经完全掌握在你的手中。

你如何对待别人，别人就如何对待你

美国加入第二次世界大战后不久，便联合英国军队对德国实施了大规模空袭。意图之一是想以此击垮德国人的斗志。美、英两国都坚信，持续不断的空袭会让德国人的士气丧失殆尽，从而被迫撤军。然而这一计划并未奏效。美国战略情报局的研究报告称，他们发现，遭受严重空袭和程度相对较轻空袭地区的人民在抵抗意志上没有什么太大的区别。

同样的例子还有几个，在珍珠港、南非和越南的冲突中，也都存在相同的心理模式。所有这些例子中，进攻方都怀有一种错误信念，认为采用武力能迫使对方屈服。但毫无例外的是，结果对方都会以牙还牙、硬碰硬。

对等原则或许是心理学中最重要也是最没有被吃透的一个概念。它体现的是人与人之间、群体与群体之间或交战国双方之间的一种关系。对等原则就是按照别人对你的方式去对待别人的一种倾向。

销售人员深谙此道。优秀的销售人员知道，慷慨的小行为能让客户产生负债感，继而引发他们的回报心理，并最终换来一笔笔大订单。例如，当你参观样板间时，房地产销售人员递上的一杯咖啡，可能会让你觉得不选上一套房子都有点不好意思。当然，同销售一套价值 22.5 万美元的房子赚到的

6％的佣金相比，一杯咖啡的价钱几乎可以忽略不计，但我们常常因为急于回报别人的好意而忘了去衡量这其中的得失。因此，不要轻易接受别人的好意，如果你不得不接受，先想清楚到底值不值。

对等原则没有国界，几乎在世界各地都能看到相关记载。人们知恩图报的思想根深蒂固，如果一个群体得到了另一个群体的帮助后无法马上给予回报，这种感情债即使到了下一代也要还清。

为什么许多平常和气的谈判者一到谈判桌前就会变得像斗牛犬一样横冲直撞，并为对方没有被吓到反而表现得更加强硬感到匪夷所思？答案非常简单：我们在看待使用武力方面采用的是双重标准。一方面，我们认为，使用武力能够恐吓和削弱对方的力量；另一方面，我们同时也坚持，如果有人对我们使用武力，我们会毫不示弱。其实你应该认为对方和你一样聪明、充满干劲。

因此，当你想要在谈判中表现强硬时，要警惕，这样的做法有可能会促使对方表现得更加强硬。

谈判中的对等原则不但适用于侵犯和对抗的关系，同样也适用于合作和建设性的关系。换句话说，如果我在谈判中采用了信任和增进相互关系的策略，那么你也采用相同策略的可能性是提高还是降低了呢？答案当然是前者。

强化对方的友好行为

上课前，一群学生聚在一起，想在老师身上偷偷测试一下强化原则的效果。当老师走到教室右侧时，他们立刻正经端坐，显得听得很入迷，还不时点头微笑；而当老师走到左侧时，他们立刻没精打采起来，东张西望、心不在焉。那么老师会在哪一侧停留的时间更长呢？显然是右侧。学生们从正面的角度强化了老师的行为。但是，直到下课时老师都不知道自己为什么会站到了教室的右侧。这体现了强化原则的一个非常重要的特点：它会在人们不知不觉中悄然发生。

谈判时，你希望在什么情况下采用正面强化的做法呢？答案是只要你想强化某一行为的时候就可采用这一做法。谈判中，人们会表现出各种各样的行为，有一些令人愉快且具有建设性，另一些则粗鲁无礼且具有破坏性。只要有可能，我们都想鼓励对方表现出提升整体谈判利益的行为。如果我们遵守某些行为，强化原则就能实现那个目标。

这种心理模式听上去很简单，真正把它调动起来也并不难。关于强化原则，请切记以下几点：

（1）即时。在几秒钟内做出正面回应。如果你等了好几分钟后才点头、微笑，就错过了向对方做出回应的最佳时机。

（2）清晰。 你的正面回应要简单明了，例如点头示意、开心一笑、眼神交流、由衷地称赞。

（3）赞赏对方的具体行为，而不是行为背后模糊的东西，强化原则对行为最有效。 不要对对方的一种态度、立场或意图之类的东西进行赞赏。 瞄准所有具体的、有形的行为。 例如，不要因为对方说话诚实而赞赏对方，而是称赞对方把自己的信息或公司报表给你看。

（4）前后一致。 如果对于某种行为你有的时候会表示赞赏，而有的时候非但不感谢，甚至还会进行惩罚，就会给对方传递出混乱的信号。 赞赏的行为要保持前后一致。

在大多数场合下，以下这些做法都可以被对方看作赞赏行为。 它们奠定了相互合作的基础，而且并不需要我们做出让步就可以做到：

· 微笑。

· 点头。

· 保持目光接触（在许多文化背景下都可以这么做，但在有些文化背景下，保持目光接触被认为是一种带有威胁性、控制性的行为，不受人欢迎）。

· 语言表达，例如"我喜欢""感谢你""那太好了"，甚至是"请多讲给我听听"。

第四课

谈判中要学会说"不"

必须学会讨价还价

讨价还价不仅是业务员应该具备的推销本领，也应该是企业家必须具有的谈判智慧。

抬高底价的做法是否道德，要看它是在何时、为何，以及怎样使用而定。不管你是买方还是卖方，如果你不希望自己的利益减少，你都应该了解一下讨价还价的技巧。

所谓不道德的情况大抵是这样：买卖双方已经谈定了价钱，第二天，卖方突然变卦，抬高价格。买方气愤之余，也只能与卖方再度商议，结果成交价比"原定价"要高得多。这样的伎俩不单卖方常用，买方也常常这样反向做。举个例子，如果你想卖一部车，开价 15 万元，有人前来和你商议，一阵讨价还价之后，你勉强同意以 13 万元成交，于是买方留下 1 万元定金。第二天，他带来一张支票取车，但支票面额却是 11 万元，而不是 12 万元，他满面乞求地向你解释，他只能凑到这么多。你没有办法，只好接受他的条件。

做出一个决定并不容易，所以，一旦做出决定，你就会自己说服自己，认为这个决定是正确的。特别是当你把决定告诉周围的人之后，你更没有办法改变决定，或者你必须再花同样的时间和精力去做另一场交涉。

谈判双方没有任何一方能确知他们到底能占到多少便宜，

总的来说，讨价还价的时间越长，越有可能得到令人满意的结果。

抬高底价的作用远比一般人的想象来得高，因此，在生意场合，即使在合约上签了字，仍有人无所顾忌地运用这种策略。而对付这种策略最好的方法，就是彻底弄清它为什么奏效。

如何防范对手抬高底价？谈判高手给出了以下建议：

（1）迫使对方亮底牌。也许他跟你一样都不愿意把时间耗费在讨价还价上。

（2）尽可能争取较大数额的定金。如果你是要卖房子或是卖车子，那你最好要求买主付出一笔定金。

（3）多找一些高阶层人士来参与合约签订。监督的人越多，事后后悔、抬高底价的机会越少。

（4）改变你所提的要求，反将对方一军。

（5）召开管理人员会议，给自己一些时间思考问题。

（6）不要不好意思，在签订合约之前要向对方问清楚，以后还会不会抬高价钱。

（7）慎重考虑，要是真的谈不下去，掉头就走。

防范措施要根据情况来决定，所以你要弄清楚，有意抬高底价的人知不知道你在做什么，并不断试探他的底价，没准你会发现，他所要付出的代价比你原本以为的还要高呢！

讨价还价是谈判中一项重要的内容，一个优秀的谈判者不仅要掌握谈判的基本原则和方法，还要学会熟练地运用讨价还价的策略与技巧，这是促成谈判取得成功的一个保证。

销售谈判中说"不"的技巧

所有的销售谈判都是利益的抗衡，要成为谈判大赢家，请向对手的无理要求说"不"！

在销售过程中，与客户的谈判是不能避免的。如果对方提出的要求或观点与自己意愿大相径庭时，就需要拒绝。但如果直接拒绝客户，又显得太过生硬，让客户很难接受，并使其产生一些不良情绪，从而使谈判陷入僵局。

所以销售人员应该抓住合适的时机，用合适的方式并通过合适的语言进行委婉地拒绝，这样才能使谈判达到满意的效果。因此，销售人员在谈判中要学会说"不"的技巧，学会巧妙地拒绝对方。

谈判专家总结出了一些销售人员可以使用的委婉的拒绝方法，这些方法可以避免在谈判中出现僵局，帮助谈判者顺利完成谈判的目的。

第一，潜移默化的方法。在谈判中，如果你感觉自己无法接受客户提出的条件时，可采用这种方法，委婉地表达自己的拒绝，这样更容易得到对方的谅解。如"很抱歉，这个价格超出我们的承受能力""除非我们采用劣质原料使生产成本降低一半才能满足你们的价格"等。你可以用这样的语言来委婉地告诉客户，他所提的要求是不可能实现的，同时还可以使用一些无法变通的客观限制，如法律、法规、惯例等，如"如果质检部门允许的话""如果物价部门同意的话"等。在销售谈判中，用潜移默化的拒绝方法往往更容易让客户接受，也往往能够达到最佳的"拒绝效果"。

第二，幽默的方法。在销售谈判中幽默也是最有力的武器之一，当客户提出一些你无法满足或是不合情理的要求时，你可以用一些幽默的例子或故事，让对方领会你的言外之意，以达到委婉拒绝对方的目的。比如，曾有一个客户在一家生产洗洁精的公司考察时，偶然发现洗洁精有分量不足的现象，于是客户借此良机与对方的销售人员讨价还价。这个销售人员微笑着讲述了这样一个故事："美国专门为空降部队伞兵生产降落伞的军工厂，产品不合格率为万分之一，这就意味着1万名士兵将有一名因为降落伞的质量缺陷而牺牲，这当然是不能容忍的！所以，军方想了一个办法，他们在抽检产品时，让军工厂主要负责人亲自跳伞。从此以后，降落伞的合格率为百分之百。若贵公司提货后能把那瓶分量不足的洗洁精赠送给我，我将与公司负责人一同分享，这可是我们公司成立这么久以来第一次遇到使用免费洗洁精的机会。"这个方法既转移了客户的注意力，又充分说明了自己拒绝的理由，可谓是一举两得的好方法，销售人员如果能学会适时地加以利用，就一定可以获得很好的谈判效果。

第三，先肯定再否定的方法。人们往往希望自己能够得到别人的赞扬和认同，因此，在谈判的过程中，谈判者可利用这一点从对方意见中找出双方都认同的非实质性内容，并加以肯定，当与对方产生共鸣后，再借机说出自己的不同看法。例

◇ 展露底气，敢于向对方说"不" ◇

那我真是无能为力了。这辆车最低也得13万，否则我们得赔钱卖。

我只有11万，这是我的全部家底了。就这样成交可以吗？

讨价还价是谈判中的一项重要内容。一个优秀的谈判者要学会熟练地运用这项技巧，把它发挥到炉火纯青的地步。

你如果把鸡蛋价格压得太低，我们的鸡会集体抗议，说你不尊重它们的劳动成果。

幽默是销售谈判中最有力的武器之一。当你无法接受对方的不合理报价时，运用幽默可以委婉拒绝对方。

如，销售人员在向一家公司推销自己的产品时，自己公司的知名度遭到了客户的质疑，于是，销售人员坦率地说："这正如你所说的那样，虽然我们品牌的知名度不是很高，可我们将大部分经费都用在产品研发上，生产出的产品新颖时尚，且质量上乘，该产品自面世以来很受顾客欢迎，市场前景非常好，甚至有些地方还出现了脱销的现象……"这样一来，不仅达到了目的，还缓和了气氛。

第四，额外补偿法。 在销售谈判中，无论你用多么充分、多么动人的理由来拒绝客户，都会让对方感到不快，毕竟这关系到对方的切身利益。 因此，你可以在自己的权限范围之内，在拒绝客户的同时，给予客户一些额外的补偿，这样往往会取得不错的效果。 这种方法在谈判中也经常用，例如，当你在推销手机的时候，你可以说："这个价给您已经是最优惠的了。 不如这样吧，我再多给您配上一块电池。""虽然我们的产品价位偏高了一点，但美观耐用、安全节能，售后服务业也很有保障，可以随时为您提供免费的服务，让您在购买后毫无后顾之忧，选购这款产品对您来说一定是明智之举。"这样一来，就会让顾客感觉不那么贵了。

那么销售人员在使用这些方法的过程中，应该注意哪些问题呢？

在谈判的过程中，销售人员说"不"的目的不是单纯地拒绝对方，而是为了自己的利益，为了获得最好的谈判结果。虽然这是众所周知的道理，但仍有不少的销售人员在谈判中感情用事，忘记了自己的谈判目的，一味强硬地拒绝，结果导致谈判以失败而告终。

另一方面，大多数销售人员在与客户谈判的过程中都害怕说"不"。其实，在谈判中说"不"是相对的。因为谈判中说"不"并不代表谈判的失败，而是为了拒绝对方一些自己无法接受或是不合理的要求，并不等于全盘否定。因此，大多数时候说"不"都是有的放矢。事实上，如果你反复强调"不"字的话，就会使对方相信你真的是在说"不"。

其实，谈判就是一个互惠互利的合作过程。虽然谈判双方都希望能够获得圆满的谈判结果，但是在谈判中毕竟关系到彼此的切身利益，为此而发生冲突也是在所难免的，因此，在应该拒绝的时候，就要大胆说"不"。但在说"不"的同时，还要记得在其他方面给对方留下讨价还价的余地。

大部分销售人员不去拒绝对方的原因是因为害怕、不好意思、没有这个习惯，但是不会拒绝对方的销售人员永远不可能取得好结果。优秀的销售人员既要敢于说"不"，更要善于说"不"。

应该争取的绝对不要放弃

当我们过于倾心讨好别人，太好说话的时候，别人也许会得寸进尺，捉弄我们。

在谈判中，假如你不理直气壮地要求得到真正属于自己的东西，别人不会帮助你。即使你极力维护自己的权利，很多人也会企图恫吓你。他们希望压得你低人一等，使你灰心丧气，放弃自己应该争取的权利。

芭芭拉是一家电视台的新闻主播。她在这家电视台干了五年多，她的新闻节目最近被评为当地第一流节目，可是这五年来她向事业的顶峰攀登并不总是一帆风顺的。

三年前，当她不得不与电视台谈判签订合同时，她遇到了一些严重的阻力。电视台经理向她暗示，自己与她续签合同，没让她走人，她应该感到幸运。她很清楚地听出了言外之意："你是个姑娘，姑娘们不应该咄咄逼人。"

当她与电视台经理进行谈判，要求修改合同时，电视台经理大发雷霆，但她强烈地相信自己的价值，拒不让步。每天新闻部主任都把她叫到自己的办公室，对她的工作横加指责，而且每回训斥结束时总是说："签这个合同吧。"四个月过去了，她仍然毫不动摇。最后，电视台经理答应了芭芭拉提出来的每一项修改的要求。

这个故事的意义不在于芭芭拉的谈判手法，更重要的是，应该注意和分析芭芭拉强硬的态度。她顶住电视台领导的威胁和恫吓，与此同时，她又不得不以一个妙趣横生的记者的职业风度，兴致勃勃地面对摄影机镜头每夜播送新闻。她从不让谈判中滋生的那种情绪影响自己的工作。芭芭拉具有一种强烈的自我价值观，为了获得应该获得的东西而战。谈判就是如此，有些东西你不去争，不去以硬气去拼，那你只能接受失败。

为何不愿说"不"

"不"的作用立竿见影。确实如此，可当把它作为重要谈判原则传授给商界学员时，他们很难理解，更难接受和运用。培训一开始，老师问他们"不"意味着什么。他们回答说，意味着结束，等于说再见、走开、完全拒绝、失败等。可是，当人们理解和接受了这个概念，把"不"说得恰到好处时，情形便会截然不同。谈判中，当你认为各方都有权说"不"时，"不"就只是一个决定，跟别的决定没什么两样。你会不怕说"不"，不怕听到"不"，结果确实很神奇。不过，"不"字可不容易说出口啊！

是什么让你本能地抗拒说"不"呢？让我们回想一下你初次使用这个字的惨痛经历。你宣布"不"，平生第一次体验到权力的快感，可也与父母发生了激烈的冲突。"不"是把双刃剑啊！你整个人生都记得这次经历。"不"是个坏字眼，这在你心底牢牢扎根。

人人都想被人喜欢，说"不"会让人讨厌。

你不想伤害别人，而说"不"则必然伤害到别人。更糟的是，被伤的人颜面无存。那么，你干了什么傻事呢？你犯不起这种错误。

你不想被视作粗鲁冷漠、傲慢、挑剔的人，而说出"不"

字你就会被贴上这些标签。你很清楚自己不是这样的人。

你说了"不"，就等于鸣金收兵；别人说了"不"，就等于拂袖而去。因为"不"是终局、是结束、是失败。

你宁死也不愿输。可别人说了"不"，你就会输。

听到"不"字你该怎么办？你不要做失败者，你要当赢家，要堵住别人的第二个"不"字！

显然，这是一种双赢心态，它要我们得到"是"字！你被情绪掌控，沉浸其中，说"不"和听"不"对你很困难。美国全国广播公司《今日秀》做了一档名为"说'不'的艺术"的节目，节目讲的并非谈判，而是泛泛地谈，并提到在我们的文化中，该说"不"时不说"不"。"不"被当作瘟疫，避之唯恐不及；"是"却大受欢迎。这就是人们的作风！

你要知道：你害怕的"不"字，其实能永远改变你的人生——使你的人生变得更美好、更灿烂。

"也许"——事业的死神

我们都怕说"不"，那还能说什么呢？我们经常说"也许"，它不会伤人感情，不会拒绝别人，也不会扼杀交易。说"也许"，没人会输。但在谈判中，"也许"有什么用呢？没用！大家都不知道该怎么办。如果你说"也许"，不会从对方那里换来任何有用的回应或信息，因为你等于什么都没说。你只是让双方都无从推进，没干别的。当你听到"也许"时，情感因素容易扑上来掌控你。

"老爸，我周五能开车去参加舞会吗？"

"又有舞会？好吧，我想想再告诉你。"

"好的。多谢了，老爸！"

在 21 世纪的今天，举这个例子很能说明问题。对话中的孩子会怎么想？"嘿，老爸没说'不'，看来还大有希望！"做父亲的又会怎么想？"唔，该拒绝还是答应？我不放心他载着一群孩子转悠。我得争取老婆的支持后再跟他说'不'。如果他妈觉得没有问题，那我就同意。总之，看情况吧，该怎样就怎样吧。"

不确定的回答给父亲争取到了时间，这在家庭中无所谓。可在商界，争取的时间就是损失的时间。买主想要折扣，卖主模棱两可；买主想大量购买，压下价格，卖主却犹犹豫豫、瞻前顾后。时间便这样一点一滴地逝去。房主想知道游泳池承建商能否在 3 月 1 日开工，对方说"不确定"；承建商问房主最新的瓷砖设计行不行，房主不说行也不说不行。

在谈判中，"也许"会浪费你的时间、精力、金钱，让你心力交瘁，把你活活拖垮。他是同意吗？我们快成交了？或者他还在逼我们让步？他是在拒绝吗？我们的条件没法成交？或者他不肯定，还是因为他自己也不知道？如果我降价，他们会怎么办？如果我增加订购，他们会怎么样？也许还拿不定主意。天哪，谁能给我答案？这就像是猜谜游戏，绞尽脑汁也不得其解，因此无从判断。

这句话值得重复一万次："也许"是事业的死神，是成功谈判的克星！

玛格丽特女士满心苦楚，她人很好，长得甜美，也很努力。在办公室装饰行业初尝成功后，她很快发现自己无法让客户迅速做决定。她害怕听到"不"，因此对方的"也许"给了她无限希望。"也许"越多，希望越大，由此她囤积了一大批昂贵的装修材料，结果资金链断裂，她随之破产。玛格丽特的公司垮掉了，是因为她无法摆脱那么多的"也许"。许多公司断送在同样的错误上。

当然，"也许"会以不同的面目出现，如果你不能摆脱，那就起身离去，因为再留下来也是空耗时间。

找个无关紧要的场合模棱两可地回答每条提问、每项建议、每个议题。看看会让大家多么困惑！换个场景，别人对你的所有问题都说"也许"，深入分析，你能得出答案吗？肯定不能！

尊重胜于友谊

所有冲动之下想拯救关系的念头和做法都大错特错，因为它们不仅带来糟糕的谈判，还让对手根本不想当你的朋友。你是不是想都没想过会这样？人们喜欢受欢迎，不想伤人感情，不愿对人不近人情、冷漠、傲慢。同样，我们也不高兴别人这样对待我们。可是，这并不等于得跟每个人都做好朋友。对商界人士和各行各业的谈判者来说，能干和值得尊重比友谊更重要。

你想没想过，那些大老粗是怎么做的？为何他们中的有些人比一般人还成功？甚至能爬到最高峰？这些人并没有改变粗野的举止，可是，他们擅长工作，让人乐于合作，从而在很大程度上掩盖了自身的缺陷。你可以想一想，你是愿意跟一个讨厌但能干的人打交道，还是跟一个无用的老好人打交道？友谊跟做出好的商业决策与谈判决定有什么关系呢？没关系。谈判中，你需要始终表现得彬彬有礼、尊重他人，这是必需的。但是，这样做并非为了寻求友谊、讨人喜欢或感觉自己很重要，也不是替对方的决定承担责任。多数商务人士，如果细想这个问题，就会大悟：生意场上的友谊，其实是长期有效合作的副产品。把决策建立在友谊之上是错误的，其实对方更希望你高效、能干。

所以，你为何要给商业关系强加上如内疚等情感包袱呢？它们是"友谊"的副产品吗？这样做是不管用的，没有丝毫好处的。协议若是出于正确决策，那么，不管双方的人私底下打不打高尔夫，合作都会长期、良好；若非这样，那么，不管你们一起打多少次高尔夫，都不会有长期合作关系！

找一个机会跟对方说："詹姆斯，朋友是朋友，工作归工作。现在，我更希望你尊重我，你可能也这么想，要我也尊重你。所以，我就不拐弯抹角了。公司不允许……"你相信吗，詹姆斯会坦然接受你的拒绝。

做错决定怎么办

人们不敢说"不"的另一个原因是害怕做出错误决定。这是人类的劣根性，它跟害怕失败的恐惧交织在一起，从根本上影响整个决策。 谈判新手和软弱的谈判者认为，说"不"是个难以纠正的错误决定。 学校里，孩子们都怕回答错误而遭遇尴尬，引来哄堂大笑。 在商界，人们也怕说错，害怕做出错误决定导致谈判破裂、丢掉饭碗。 其实，对错误决定的不必要的恐惧正是对做出正确决定的最大障碍。 来看看你是否具有以下心理矛盾：

· 我不知道该不该？

· 要是别的决定更好呢？

· 我不知道，事情看起来太顺利了。

· 挺容易的，也许我能争取更多。

· 他们在捣什么鬼，为何这么爽快？

· 他们知道的哪些我不知道？

· 这不可能对！

· 全错了！我该怎么办？

以上和其他诸多疑虑都证明谈判者怀疑决定，害怕犯错。如何摆脱这种恐惧呢？ "真的做错决定，又会怎样？"飞行员们会众口一词："飞行就是一系列不停地决定，多数是错的，但必须纠正。"训练中，飞行员就是要一直做决定，然后一一纠正。

想成为有效的决策者吗？只要做出下一个决定，然后再做一个，再做一个。谈判就是一系列的决定。当你做出一个错误决定时，只要再做一个正确的就能把它纠正过来。

明白这点，你就轻松了，你就能正视错误决定，从中学习，把失败踩到脚底下，无畏地向前。这种态度和做法需要一个人有自制力且自信，因为多数人都愿意"不出错"。"不出错"是一种强大的需求，跟其他需求一样，必须克服。

迈克，泽特数据通信公司的高级副总裁，面临着棘手的情况。三个月来，名列世界 100 强的特勃公司的讨债人堵在门口，要求赔偿，因为泽特公司供应的配件有缺陷，更换设备花了巨额资金。迈克的下属研究了对方的支出单，算出应赔偿 370 万美元，便告诉对方会拿出解决方案。

迈克很吃惊，很愤怒，也很失望。我们不是有保修卡吗，他们干吗用过了保修期的产品？凭什么说泽特公司欠特勃公司的钱？我们全面履行了合同，能拿得出证据。约翰，这事的主要负责人，跟迈克解释，讨债人认为即使是无理要求，损失也得由泽特公司承担，否则，泽特公司就会失去他们这个客户。约翰还说，他已向对方承诺，会尽快支付。如果公司不愿掏钱，自己就会非常尴尬，公司形象也不会好看。这很考验迈克。他选择了立刻让副总裁拉里接替约翰，重新开始谈判，摆平所有问题。拉里立马着手新任务，要求跟卡伦会面，对方正负责特勃公司的索赔事件。卡伦拒绝相见。她要求拉里拿出赔偿方案，因为这是约翰许诺的。她在邮件中这

样写道:

拉里:

　　我跟公司的高管探讨过，大家认为现在无须安排高层会面。泽特的人跟我们副总裁和总经理已见过多次，没能拿出一个解决方案。我希望你能拿出方案，赔偿给我们造成的损失，具体数额我们已向你们申明多次。这次产品故障是由你们的配件造成的，我们希望贵公司担起责任。请给我具体的回复日期。

　　　　　　　　　　　　　　　　　　　　　卡伦

　　很好，一个硬邦邦的"不"字，第一回合结束。拉里等了两天，又要求跟卡伦会面，他说："我们换了新人来处理这件事情，如果对情形不了解，如何拿出方案？"轮到卡伦听"不"了。多个"不"字，多了信息交换，多了个决定。这次，会面敲定了。卡伦认识到，换了人，前任所允诺的方案也没了，需要重新谈才可以。

　　会议开始后，拉里向卡伦明确表示，泽特非常想与特勃搞好关系，但并不打算拿 370 万美元去买。于是，他千方百计地询问、打听和收集信息，并承诺稍后再碰面时会解决问题。事实上，拉里手中现在有充足的证据，足以证明泽特不欠特勃一分一毫。因此，特勃要求赔偿简直荒谬至极，肯定是内部有人在捣鬼。他要求迈克安排双方最高层直接见面。迈克做到了，果然，事情正如拉里所料，特勃公司不让卡伦再管这事。很快他们又签下 1.8 亿美元的采购单。这全在于迈克做了糟糕决定之后，不怕再做"下一个"决定。这个决定正是"不"。

现在以可口可乐为例来说明"下一个决定"。曾经，可口可乐公司改变了配方，向市场推出"新可乐"。我们都能想象，需要花多少时间、精力和市场调研来支持这项重大决定呀，它可是全世界最响当当的品牌！然而，决定错了，错得一塌糊涂！多么致命的决定，可这并非世界末日。当消费者齐声喊"不"时，公司又换回了老可乐（当初的决定会不会是一个极其聪明的市场策略呢？用新可乐代替老可乐是为了提醒我们老可乐有多好喝。不管是怎么回事，蠢举也好，策略也罢，结果却是好的，因为销售被刺激提升了，资本也增长了）。

还有微软公司，他们犯了致命的错误——轻视互联网。当比尔·盖茨意识到这点后，他对拥有 15 万名员工的公司大刀阔斧地进行改革。90 天内，微软的每个部门都确立了网络发展的使命和目标。不管你喜不喜欢比尔·盖茨，都得承认，他的领导力确实非凡！他不会坚持错误决定，一错到底，或不做决定、不作为。

第五课

如何打破谈判的僵局

谈判要善用"停"字诀

进行商业谈判，当你不知道该如何进行决定时，"停"就是最好的方法。

在商务谈判中，暂停并不代表失败，而是在考验谈判双方的决心和毅力，给彼此一个软化态度的机会，尤其是在双方都找到了台阶可下时，更是愿意互相妥协、做出让步，以谋求更满意的结果。

当然，暂停也有风险。有的心结很难打开，有些僵局无法突破，"暂"字没有用，那就只有真的喊"停"了。

很少有人会拒绝让对方做一次自己人之间的私下交谈。贸易洽谈进行了一段时间以后，可以暂停五至十分钟。在这期间，双方走出紧张的氛围，回顾一下洽谈的进展情况，重新考虑自己在谈判中的地位，或者清醒一下头脑再进入商讨，这都很有必要。

在整个谈判过程中，人的注意力总是在谈判开始时和快结束时高度集中，谈判之初大家精力十分充沛，但不会持续太长时间，这时候提出暂停的建议是会得到对方积极响应的。暂停是有积极意义的，它使双方有机会重新计划，甚至提出新的设想和方案，可以使双方在新的气氛下重新坐到一起，精力和注意力也能再次集中起来。

值得注意的是，如果你想用这种方式来取得进展的话，那么你必须确认在你愿意从己方立场上松动一下的情况下，对方是否也愿意从他们的立场上松动。如果不是这样的话，你将发现对方的力量有所增强，你则因为让步大败而归。因此，在你提出暂停时，必须确知对方已经保证在复会时将有所动作。不要怕喊暂停，关键时刻该喊就喊，并毫不迟疑！

买主和卖主并不总是想通过谈判来达成协议。有些谈判是要抢先于对方做出暂停的。

有些买主主动去与一家卖主谈生意，仅仅是想先占住他的库存，与此同时再到别处寻找更低的价格。一些已经在时间——材料或者成本——加价基础上做工作的卖主，有意拖延达成固定价格协议，因为他们知道以后签约更有利。

"暂停"可以说属于谈判中讨价还价的一部分。尽管它常常是不道德的，但也不总是这样。下面是一些能利用这一战术实现目的的正当情况：

(1)用以影响别处的谈判。

(2)为后来真正会谈打下基础。

(3)为别的谈判打下基础。

(4)占用产量或库存。

(5)搜寻信息。

(6)拖延不希望有的决定或行动。

(7)边谈边寻找其他方案。

(8)拖延时间以便让公众或第三方参与。

(9)表示妥协的愿望(有时根本没有这样的妥协)。

(10)在摸清基本意思后迫使冲突进入仲裁。

（11）转移注意力。

谈判者要想在谈判桌上取得成功，就必须安下心来，不急于求成，善用时间，掌握暂停的策略。因为它能测出谈判对手对此的耐力和意志。但一般人对暂停却避之唯恐不及，好像很害怕似的，这实在很不应该。

如何让对方先开出条件

在商务谈判中，为了给己方争取到尽可能大的利益空间，就要掌握一定的谈判技巧，比如如何开条件。 在如何开条件这个问题上，哪一方先开出条件也是有讲究的。 那么，谈判中，哪一方应先开出条件呢？

谈判领域的顶尖专家罗杰·道森在其优势谈判理论中认为，谈判时应让对方先开出条件。 如何做到让对方先开出条件呢？他认为方法是在谈判中界定目标。

1982 年，美国政府借贷给墨西哥政府一笔数额巨大的贷款，双方就回报问题展开了谈判。

他们预定的贷款金额大概是 820 亿美元。 墨方的首席谈判专家是他们的财政部长吉泽斯·赫佐格，美方的谈判代表是当时的财政部长唐纳德以及联邦储备委员会主席保罗·沃尔克。

美方想出了一个非常有创造性的解决方案，要求墨西哥政府提供给他们大量的石油，从而大大增加美国的战略石油储备，赫佐格表示同意。

可这还不是全部，美方要求墨方付给美方 1 亿美元的谈判经费，这笔钱本来应该是利息，但以谈判经费的名义拨给美方，在政治上会比较容易接受一些。

当时的墨西哥总统听到这个条件之后，他简直要发疯了。他说了一些类似于"你告诉对方要他死了这条心吧！我们才不会付给他什么谈判经费呢""没门，一个子儿都没有"之类的话。

就这样，双方的谈判范围被确定下来了。美方报价1亿美元，对方报价是零。猜猜最后的结果如何？没错，美方得到了5000万美元的谈判经费。

无论是在小事还是大事上，我们最后都可以得到折中的结果。通过界定范围，优秀的谈判高手就可以保证得到自己想要的东西。而要想界定目标范围，你就要学会让对手首先亮出自己的条件，这也可以被看成谈判过程中的一条潜规则。

总而言之，一定要让对方首先说出自己的条件。要做到这一点并没有你想象中那么困难，而且这也是可以让你占据主动地位的唯一方法。

所以，千万不要让对方诱使你先开出条件。如果你对双方的谈判进度非常满意，并不会因为压力而被迫采取行动时，不妨大胆地告诉对方："是你来找我的。我对当前的现状非常满意。如果想要谈成这笔交易，你就得告诉我你的条件。"

需要注意的是，界定目标范围也存在着一定的风险性。你在做出让步的同时要有适当的变化，否则对方很容易发现你的让步模式。

界定目标的另一个好处在于，一旦界定目标范围之后，你就可以清楚地知道自己每次在谈判过程中的让步空间有多大。

谈判顺利时，客户为什么迟迟不肯签单

客户不签单，有时候并不是因为谈判的问题。

商务谈判时，双方进行得颇顺利，但客户却东拉西扯迟迟不肯下订单，到底是什么原因让客户犹豫不决、左右摇摆呢？专家认为谈判过程中客户不签单的原因一般有以下几种：

1. 产品没有吸引力

这是老板最不愿意听到的话，也是销售人员最不应该说的话。因为，老板听到销售人员对产品的价格、质量、交货期、款式等的抱怨，往往第一反应是，他不是一个优秀的销售人员，他在为他平平的业绩找借口。事实上，这样的情况是确确实实存在的。我们设想，如果你的老板要你通过互联网将他烧好的砖头卖到美国，你认为可能吗？显然，这是非常困难的。

因为，仅运输砖头的运费就已经远远高出砖头本身的价值了，再加上关税和其他的费用，到了美国的经销商那里，此砖头的价格还能和彼砖头的价格竞争吗？当然，这是一个极端的例子。开展国际贸易，企业面对的是世界级的竞争对手。企业首先要回答的一个问题是：客户为什么买我们的产品，而不是别人的？如果企业自己给不出一个合理的答案，原则上这个企业还不具备开展国际营销的条件。因为你的产品没有竞争力。考虑一下，你没接到订单的原因是否属于这一种。

2. 市场定位错误

这是企业和销售人员最容易犯的错误。面对着世界地图，企业应该把哪里作为自己的目标市场呢？销售人员必须明确回答这个问题。全球市场的差异化为企业提供了充分的选择机会。销售人员要根据产品的特点，找到最能够展示企业产品独特卖点的、为企业获得最多效益的、进入成本最低的市场。在一个企业，销售的是同一个产品，有的销售人员业绩好，有的业绩不好，产生的原因多出于此。

例如，销售同样价格的 VCD 影碟机，张三选定的是利润空间较大的欧美市场，而李四选定的是利润空间较小的中东，结果是李四的订单远比张三的多。原因是 VCD 影碟机是一项过期技术，在欧美直接推广的是 DVD 技术，而 VCD 是没有市场的。市场定位的错误，往往会造成企业人力、物力、财力的大量浪费，最后无功而返。考虑一下，你没接到订单的原因是否属于这一种。

3. 沟通能力欠佳

这可完全是自己的问题了。开展国际贸易，由于和交易对象语言、文化、地理、宗教等的差异，在和他们沟通中多少都存在着障碍。快速地沟通、快速地赢得对方的信任是能否拿到订单的关键。用互联网开展国际营销，要求销售人员既要有较好的外语能力，也要有较丰富的专业知识，还要有应用互联网多媒体技术的能力。 如果你和你的同事销售的是同一产品，销售的是同一地域，别人拿到的订单比你多，考虑一下，你没接到订单的原因是否属于这一种。

4. 运气欠佳

生意人常说有"大年"和"小年"之分，指的是有一段时间生意比较好做，有一段时间生意比较难做。 考虑一下，你没接到订单的原因是否属于这一种。 如果是这样，也就只能"尽人事而待天命"了。

客户不肯签单的原因往往是多方面的，一定要综合考虑，找准问题症结所在。

恐吓法：抓住弱点，适时恐吓

谈判过程中，通过谈判前的准备工作，你是否了解了对方的什么弱点？你知道在什么情况下，对方一定会做出让步吗？是不是抓住了对方这个弱点，你便能十拿九稳地胜出这场谈判？谈判中，你把握了多少对方的弱点？下面我们要说的就是利用对方弱点打破僵局的方法。

恐吓法，是在谈判双方因为一些问题产生纠纷，双方互不相让的情况下使用的。其中稍胜一筹的一方可以向对方提出某些方面的恐吓，保证谈判的继续进行。一般情况下，对方如果有将谈判继续下去的想法，就会接受己方提出的条件。反之，如果不接受，己方也可以通过恐吓迫使对方做出让步，以达到谈判的目的。这是打破谈判僵局的一种策略。恐吓法是非常有效的策略，它往往在抓住了对方一点或几点把柄后，便能轻易地打破对方对谈判的布置，迫使犹豫不决的对方拿出突破性的方案。

同时，在谈判中使用恐吓法，是以一种极强硬的态度出现在对方面前，也是最后没有办法的办法。这种方法有可能让你达成谈判的最终目标；也有可能导致谈判终止，无法继续。我们知道，谈判的双方都是抱着自己明确的目的而来，当使用恐吓法威胁对方时，谁都不希望自己两手空空地回去。在这个竞争激烈的社会，一方的退出，就意味着新的一方的出现，所以只要是带着诚意进行谈判的双方，都不会轻易退出谈判，也就意味着你的恐吓法很有用武之地。恐吓的使用也会使对方陷入一种"向左，向右"的极端选择。这对陷入僵局的谈判来说无疑是一剂兴奋剂，能让谈判顺利进行下去。

　　如果在谈判中了解到对方对谈判的目标相当明确，又肯定是朝着这个方向努力，只是由于一个具体的细节或者某些不确定的方面而犹犹豫豫、拖泥带水，或者设置这样那样的障碍，那么恐吓法乃是良策。恐吓法的威力就是让对方突然紧张起来，绷紧神经，严肃地考虑你谈判中提出的建议，让他们迅速抛开细枝末节，努力向着最终目标前进。

　　同时，也需要说明，恐吓不同于要挟，它是一种技巧，因为把控了对方不得已的弱点，拿着撒手锏，才会使用恐吓法。但是恐吓的同时，注意不要让对方也同样掌握你的弱点或你不可示人的秘密。恐吓法和蒙蔽法有异曲同工之妙，比如在谈判中，对方极力想知道你的底价，采取各种方式都不能成功。那么这个时候使出恐吓法，让对方明白，再继续探究这个问题很可能造成谈判的告吹。但是，如果你的底价基本没有太大的变动，即使拖延时间也不可能发生很大的改变。这个时候不妨把底价说明，让对方放弃还价的奢望。本来 30 万的底价，报出 40 万，也是未尝不可，装作一副受尽了委屈的模样，不理会对方的软磨硬泡，就算对方还想努力一番，这个策略还是占了上风，再使出恐吓法，这场谈判就圆满成功地结束了。

　　需要说明的是，谈判中必须慎重使用恐吓法，恐吓法就好像最后通牒，实际上就是把对方逼到死角，没有再多的选择机会，这样能迅速化解僵局，也很容易引起对方的敌意，造成谈判破裂，所以使用这一方法一定要注意策略。

王某接手了一个陷入经济危机的公司，为了摆脱公司的困境，王某觉得有必要压低员工的工资，而重要的一点是要压低领导层的工资。首先他降低经理工资的9%，而自己也从年薪80万降到40万。随后，他对其他部门的领导人说："5万元年薪的工作很多，10万元年薪的工作没有，你们可自己考虑考虑。"当然王某这种强制恐吓而不讲策略的话语一出，各部门的领导当场就拒绝了他的要求。双方僵持了很长时间，一直没有进展。一天，王某突然对部门领导的谈判委员说："你们这种间断的罢工，导致公司工作不能顺利开展。我准备向劳务输出中心的工作人员请求派来新的中层管理人员。"

各部门与王某谈判工资事宜的代表没想到王某会使用开除他们的招数，他们本来只想通这次谈判在薪水的问题上取得新的进展。看来不仅工资有可能谈不成，还会失业。接着，各部门代表在短暂的讨论之后，决定接受王某的要求。这个僵持了很久的谈判一下能够得到解决，为什么呢？这正是王某采用了恐吓法获得的成功。实际上，王某也不想真的换一批领导人来进行工作，那样麻烦和成本都会增加。

我们在运用恐吓法时，要体现出一个"巧"字，以"巧"谋利，才能达到完美的效果。

恐吓法不是随时随地都可以拿来用的招数，一般来说，在谈判中有以下几种情况出现时，我们可以考虑恐吓法：

（1）谈判双方有一方明显知道自己的优势地位，并且他的条件比其他任何人都优越，对方非我不可的情况才能使用。

（2）谈判双方在采取其他的方式没有结果的时候，可以使用恐吓法。

（3）其中有一方的条件已经降至最低，这时，如果谈判仍然出现僵局，可以使用恐吓法。

（4）双方的谈判已经变成了"拉锯战"，再不达成协议会造成无法挽回的损失。

针对以上情况，如果我们使用恐吓法，又如何保证它能够成功呢？恐吓法的成功使用要具备以下条件：

（1）进行恐吓的时间和方式要恰当，不能过早也不能太迟。太早，对方还有别的机会可寻觅；太迟，已经失去了对方这个可谈判的伙伴。所以，在恐吓之前，可以采取其他的方法，让双方在别的不太重要的问题上达成协议，然后使对方由于时间的推移而耗费了更多的精力，双方实力有了明显的阶梯性，这时可以使出恐吓法，让对方无反抗之力。

（2）进行恐吓时我们并非高高在上，不能对对方指手画脚、颐指气使。既要能达到恐吓的目的，又不能锋芒毕露。首先言辞不可太激烈，这样容易伤害对方的自尊心，反而让自己没有好果子吃。同时，也不能言辞婉约，既不干净也不利落，给对方造成还可以拖延一下的误会。既给自己留有余地，也要给对方留下空间，这样才能更好地使用恐吓法。

（3）要有让人信服的证据，光动嘴不动手，假把式，只能唬得了人一时。谈判桌上需要硬邦邦、实实在在的证据来打压对方的气焰。让事实说话，便是最好的恐吓。

（4）恐吓法也应该有弹性。恐吓并不是把对方逼入死角，无处容身。 看似无路可走，是因为对方除了选择你安排的"道路"外，别无他法。 这正是恐吓法迷惑人之处。 更巧妙的是，对方选择这条道路后还要对你的建议表示感谢，这是恐吓的最高境界。

（5）恐吓并不是让对方立马拍板，要给时间让对方考虑。任何情况下都不能太咄咄逼人，需要给对方考虑或者请示上级的时间。 经过一段时间的谈判，让对方放弃原先的作战方案，重新接受你的建议，这是需要时间的。 所以，在运用恐吓法的时候，要给对方足够的时间，这样对方也会对你的尊重表示感激，避免敌意的产生。

巧用谈判策略，把握谈判全局

能够控制谈判全局的人必定会在谈判中占上风。那么，如何把握谈判的全局，避免谈判出现僵局呢？

1. 重视对手的各种情报

乔费尔是荷兰一名电器销售商，一次，他打算从日本的一家钟表批发商三洋公司那里进口一批钟表。在谈判的前两周，乔费尔邀请了一位精通日本法律的律师作为自己的谈判顾问，并委托该律师提前收集有关三洋公司的情报。

于是，日本律师一边为乔费尔预订房间，一边着手对三洋公司进行调查。通过简单的调查，日本律师发现了许多耐人寻味的情况。例如，三洋公司近年来的财务状况不佳，正在力图改善；这次交易的主要是商品旅行用时钟和床头用时钟，是承包给中国台湾和另外一个日本厂家生产制造的；三洋公司属于家族型企业，目前由其第二代掌管，总经理的作风稳重踏实……

情报虽然不多，但很重要。例如，价格方面也许波动较大；如果有必要，也许乔费尔可以直接从台湾制造厂采购；总经理的为人信誉不错，一般还是遵守合同的。其中，关于该商品是由台湾生产这一条情报非常重要，这无异于在谈判中扣了一张底牌。

乔费尔到达日本后，立即开始和该日本律师磋商有关谈判的种种事项，讨论进行了十几小时。该日本律师对乔费尔大加赞赏，因为许多请他当顾问的商人到日本后，往往匆匆交换一下情况便急忙去游览或逛东京；要么就像大多数美国人一样，心里早有主张，根本无心听别人的意见。

乔费尔的作风却大不相同，他坦言自己对日本几乎是一无所知，所以希望先了解一下日本工商界的大致情况，然后又针对合同的几个细节提出法律上的疑问，并分别加以研究。乔费尔在和律师谈话时，对日本的民族文化特别关注，并认真地做了研究。

最后，乔费尔和律师商定，对于商品的单价、付款条件，以及其他细节都以乔费尔临场酌情判断。接下来，日本律师又和乔费尔从荷兰带来的律师研究两国的法律差异，这些都为之后的谈判打下了良好基础。

2. 巧妙设置谈判陷阱

乔费尔与三洋公司的谈判即将开始，三洋公司草拟了一份合同，乔费尔和两位律师经过商谈后，决定围绕这份合同制定谈判策略。

在三洋公司提出的合同草案中，有一条是关于将来双方发生纠纷时的仲裁问题，三洋公司提议在大阪进行仲裁，解决纠纷。

这里需要提醒一下，代理销售这一类的合同发生纠纷的原因，一般是拒付货款或产品有质量问题两类。一旦出现纠纷，双方最好通过协商解决，打官司是万不得已的办法。 当然，还有一种方式是事先在合同中明确约定双方都认可的仲裁机关。 目前，世界上许多国家都设立了专门处理商业纠纷的仲裁机构，诉讼和仲裁的目的虽然相同，但结果却明显不同。仲裁无论在哪个国家进行，其结果在其他国家也有效。 而判决就不同了，因为各国的法律不同，其判决结果也只适用该判决国。 也就是说，日本法院的判决在荷兰形同废纸，荷兰法院的判决在日本也形同废纸。

现在乔费尔的思考重点是，本合同是否可能发生纠纷？发生纠纷的原因会是什么？ 究竟是进行仲裁还是提出诉讼对己有利？

对乔费尔来说，一般容易发生的麻烦是收到对方的货物与要求的质量不符，但由于草案中双方议定的是先发货后付款，那么一旦货物有质量问题，乔费尔完全可以拒付货款。 那时三洋公司就会以货物符合质量要求而诉讼。 这样，一旦出现此种状况，在日本仲裁对乔费尔就会非常不利，但若将仲裁地改在荷兰，三洋公司自然会反对。 那时双方出现的第一个争执的矛盾焦点将会是此问题，为此乔费尔提出自己的主张："我们都知道仲裁的麻烦，都不愿意涉及仲裁，但为了以防万一，不妨就请日本法院来判决。"

这时想必读者看出了乔费尔的圈套和策略，假如双方一旦出现纠纷，日本法院的判决在荷兰形同废纸，即使是打赢了官司，也根本执行不了。 这样，将来真的出现纠纷，乔费尔不出庭都可以，连诉讼费都省下了。 若这一提议能通过，乔费尔自然占了上风。

设计好这一陷阱后，乔费尔和日本律师轻松地游览去了。

3. 控制谈判进程

谈判开始了，乔费尔首先做了简短的发言：

"虽然我曾去过许多国家，但来到美丽的日本更使我高兴。"

"贵公司的产品质量可靠，很有发展潜力，若能打开欧洲市场，对我们双方都很有利。所以我希望双方能够完成这项合作。"

致辞虽然简单，但让日本人听了非常高兴。其实，这正是乔费尔巧妙控制谈判程序的第一招。

日方的几位代表年纪都比乔费尔大，显得很稳健，只是礼貌性地寒暄了几句问候语。接下来的谈判自然也很顺利，诸如钟表的种类、代理地区、合同期限等事项，几乎没有多大分歧。

事实上，这种情况正是乔费尔所希望的，并且也是他刻意先挑出这些小问题来讨论的原因。先从容易解决的问题入手，这正是谈判的基本技巧之一。因为谈判刚开始，彼此比较陌生，存在一些戒心，如果直接谈焦点问题，若分歧较大，谈判就很难进展下去。而从简单问题着手，既容易加深双方了解，又容易稳定双方情绪。一旦大部分条款达成共识，只一两个问题有矛盾，双方都会共同努力解决，因为任何人都不愿意做前功尽弃的事。

下面，我们再来看看乔费尔在谈判中的具体招数。

(1) 虚晃一招，暗中出手

谈判遇到了第一个麻烦，按照三洋公司的意见，一旦他们的钟表在欧洲销售时遇到侵犯第三者的造型设计、商标或专利纠纷时，他们将不承担责任。

乔费尔则不能接受对方的意见，因为某家公司控告其设计有相似或模仿之嫌的事很可能发生，倘若真的发生，由自己承担全部诉讼费和因无法销售而造成的损失，那也太苛刻了，尽管发生这种事的危险并不大。

这一点，三洋公司寸步不让，而乔费尔之所以提出此事，实际上是为后面价格的讨价还价埋下伏笔。因为对方在这一点上不让步，其他地方上不能一直不让步。

谈判时议程的安排对结果有很大影响，许多人老是被这种聪明人牵着鼻子走。这次谈判中，倘若一开始便讨论价格问题并定下来，那么乔费尔就会少掉一个牵制对方的筹码。

果然不出所料，日方公司可以保证他们的产品质量，但要保证其产品与其他厂家不相似，则无论如何也不答应。

于是双方僵持了很久，乔费尔提出了第一方案："一旦出现这种情况而又败诉的话，我方的损失有两部分，一部分是诉讼费，一部分是赔偿费。我方可以承担诉讼费，贵方能否承担赔偿费？"

"不行。"

"那么，双方各承担全部损失的一半如何？"

"不！"日本人仍然非常干脆，这时候谈判气氛开始有点紧张。"既然如此，贵公司承担的部分以5000万日元为限，剩余部分无论多少，概由我方承担。"

三洋公司仍是一口拒绝。三洋公司的做法是典型的日本作风，即只是一味地不让步，从不提解决的办法，而对方一旦提出新方案，却又摇头拒绝。

乔费尔又失望地说："我方可保证每年最低 1 亿日元的销售量，贵方承担的限额降为最多 4000 万日元。"

日方代表的态度终于有所动摇，因为谈判中总不可能老是摇头，那岂不是没有诚意的表现？但经过思考后，答案仍然是"不"。

那么，乔费尔为何明知对方不让步，却偏要紧追不舍呢？

其意图如下：其一，故意为谈判铺设障碍，因为谈判若过于一帆风顺，对方会产生怀疑；其二，故意让对方在这个小问题上不让步，从而使其产生心理负担，也好在重要方面让步。这时，乔费尔毫无办法地勉强耸肩，说这回遇上了强劲敌手，语句中大有奉承之意。然后，突然话锋一转："本人对耗费大量精力的仲裁方式从来就没有好感，据我所知，日本的法院非常公正，因此我提议今后若有纠纷，就由日本法院来判决。"

这下，日方公司非常爽快地答应了。这正是之前乔费尔的陷阱，而日方之所以如此爽快，一是因日方不清楚有关法律，误以为在本国打官司对己有利；二也可能是出于对自己老是摇头的态度而不好意思。

既然对方已中计，乔费尔大功基本告成，没必要为前面的问题费更大的口舌，于是乔费尔便提出了折中的办法，即一旦将来发生纠纷，三洋公司也得承担部分责任，但具体负担金额届时再定。

对此，三洋公司当然欣然同意。

在这场谈判中，表面上乔费尔一再让步，显得被动，也显示了自己对谈判的诚意，实质上是一串虚招里藏着一把利剑，最后使对方中计。

（2）用"感情"和"利害关系"说服对方

最后一个问题就是价格问题。起初，日方的要价是单价为2000日元，乔费尔的还价是1600日元，后日方降为1900日元，乔费尔增至1650日元，谈判再一次陷入僵局。

为此，乔费尔又提出种种方案，诸如，原订货到四个月付款可改为预付一部分定金，或将每年的最低购买量增至1.5亿日元，或拿出总销售额的2%作为广告费等。

但三洋公司的态度仍旧很强硬，表示绝不考虑1900日元以下的价格。谈判只好暂停。

下一轮谈判一开始，乔费尔首先发言："这份包括24项条款的合同书，是我们双方用半年多的时间草拟的，又经过诸位几天的讨价还价才达到了双方几乎全部同意的结果，现在仅仅为了最后几百日元的差距而前功尽弃，实在是太可惜了。"

"大家很明白，价格高销售量就会减少；价格低销售量自然会增加，而我们的利益又是一致的，为什么不能找出一个双方都能接受的适当价格呢？"

接着他以非常温和的方式打出了早已准备好的王牌：

"对我方来说，涉足新市场的风险很大，贵方的产品对欧洲人来说又是很陌生的，我方很难有击败竞争对手的把握。"

"经过几天的谈判，诸位可以看出我方的合作诚意，然而贵方开出的单价实在是太高了。我相信，按我为对方开的价，一定能从中国台湾或香港买到同样质量的产品。当然，我并未想去别的地方采购，但最起码我们从贵方的进货价不能比别的地方高太多。"

这番婉转的以"感情"和"利害关系"为手段的话，很具有说服力，并暗含着若对方再不答应，他便和其他厂商合作的威胁之意，日方不得不慎重考虑。

（3）适当的时候就用"最后通牒"法

"现在，我方再做一重大让步，那就是 1720 日元的单价。在价格上我这方面已完成了这份合同，以后就看贵公司的态度了。现在我们先回饭店准备回国事宜，请贵方认真考虑，两小时后我们静听贵方的佳音。"

说完，乔费尔和两位律师站了起来。日方公司的总经理赶忙打圆场，表示何必那么着急，但却被乔费尔以微笑而坚决的态度婉言拒绝了。显然，他下了不惜前功尽弃的赌注。

其实这又是一个基本的谈判技巧，乔费尔正是以借回国名义发出"最后通牒"，以图打开僵局。当然，三洋公司是否同意，完全取决于自己，并无什么真正的威胁。但乔费尔的话表明了他绝不让步的态度，从而给对方造成压力，若再不答应，谈判就可能破裂，从而被迫让步。

结果，日方果然又中了计，两小时后，三洋公司的常务董事说："先生的价格我方基本接受了，但能不能再增加一点儿？"

乔费尔沉默许久，掏出计算器按了一会儿，终于又拿起合同，将先前的数字改为 1740 日元，然后微笑着说："这 20 日元算是我个人送给贵公司的优惠吧。"

4. 节外生枝依然大功告成

在合同签订后的三年中，双方的交易似乎很顺利，但突然出现了一个意想不到的纠纷，美国的某公司声称三洋公司的产品与该公司的产品颇为相似，于是乔费尔迅速派律师做了调查。

原来，三洋公司曾为这家公司制作过一批时钟，乔费尔的产品正是以那批产品为蓝本略作修改制造的，自然十分酷似。因此，这家公司一方面要求乔费尔立即停止钟表销售，另一方面又要求得到 10 万美元的赔偿。

但三洋公司对此事件的态度却十分消极，一直拖了四个月未做明确答复。于是，乔费尔只好停止了钟表销售，并答复这家公司，请他们直接与三洋公司协商处理此事。

这件事的麻烦自然在三洋公司，但由于三洋公司的态度引发了乔费尔拒付拖欠三洋公司的 2 亿日元的货款。

于是，三洋公司气势汹汹地来找乔费尔，他们认为盗用钟表款式是一回事，乔费尔的欠款又是另一回事。但乔费尔却认为，三洋公司的行为使他无论在经济上还是名誉上都蒙受了巨大损失，理应由三洋公司赔偿。乔费尔的话当然有其合理性，因为三洋公司毕竟是把稍加改动的同一产品卖给了两家公司，自然算是一种欺骗行为，并严重地损害了乔费尔的利益。

双方又扯皮了一段时间，仍无实质性进展，直到某一天，三洋公司给乔费尔打去电话，声称他们决定向大阪法院提出诉讼。

乔费尔的律师做了回答："是吗？恐怕不久您就会明白这种诉讼毫无意义。"

"首先，在日本法院向荷兰公司提起诉讼必须经过繁杂的手续。您得先向日本法院提出起诉状，由日本法院呈到日本外务省，再由日本外务省转呈荷兰外交部，然后再送到荷兰法院，最后才由荷兰法院通知乔费尔应诉，光是中间传递起诉书就得至少半年时间，等打完了官司大概得好几年。即使是官司打完了，日本法院的判决在荷兰也形同废纸。"

可三洋公司还是不明白其中的道理，不久带了一位律师去了乔费尔的日本律师处，扬言要去荷兰打官司。

乔费尔的律师不慌不忙地说："合同书上规定了以大阪法院为唯一裁决所，所以即使您到了荷兰，恐怕荷兰的法院也不会受理。"

"这岂不太荒唐了吗?"三洋公司的总经理气急败坏地看了一眼自己的律师。

"这种可能性很大。"那位律师坦白地承认。

时间又过了三个月，法院没有丝毫动静，三洋公司的总经理这才明白中了乔费尔的圈套。但他仍不灰心，考虑只要能够诉诸法律，一定会对自己有利，因此一直不愿意私下和解，双方你来我往地频发电传，却毫无进展。着到这种情况，于是乔费尔的律师打出了最后一张王牌。

"总经理，就算我对法律条款的理解有错误，假设日本法院的判决在荷兰同样有效，贵公司依然无法在乔费尔那里得到一分钱。也许您也知道，欧洲大部分国家的税收极重，所以许多人便到税收较轻的荷兰办起了'皮包公司'。这些公司的一切都装在老板的皮包里，没有任何实际资产。乔费尔的公司也是荷兰的皮包公司，公司的钱放在哪里只有乔费尔知道。 或许放在瑞士银行……"

这下可击败了三洋公司的总经理，他毫无办法，只能听凭乔费尔的摆布。 最后，双方商定由乔费尔付三洋公司 4000 万日元的欠款，其余 1.6 亿日元的欠款抵作赔偿金。 无疑乔费尔取得了绝对胜利，三年前的圈套终于实现。

在谈判中，细节问题固然重要，但通盘考虑却是谈判中所必须达到的要求，如果没有把握全局的能力，即使在局部取得胜利，往往到最后也是徒劳无功的。

第六课

把话说到对方的心坎上

慷慨：别老想着占便宜

"慷慨"一词似乎与我们这本书的主题"谈判"有些矛盾，谈判的目的是争取最大的利益，在有利于自己的条件下与对方成交。而慷慨有大方的意思，比如在生活中，你慷慨解囊帮助对方，就是说你免费为对方提供了帮助。观点平移，在谈判中，慷慨则是指让步、放弃一些条件。这与谈判的目的——争取最大的利益确实存在一些矛盾。但是，有得就有失，反过来讲，没有失去，有些东西可能永远也得不到。因此，在谈判中我们要懂得取舍，不要总是想着占便宜，有时候微小的舍弃可以获得更多。

业务谈判中，适当的慷慨可以赢得对方的好感，让对方觉得你是一个爽快人，从而更加倾向于与你合作。有一个人去买车，在汽车 4S 店和销售顾问谈得基本上差不多了，最后他要求对方给他送一个真皮方向盘套，市场价超不过 100 元，可这位销售顾问死活不送，说什么店里有规定，送的东西太多公司会扣他钱，找了一大堆理由，随他怎么说，对方就是不送。

他是一个爱面子的人，当时好几个人都在场，一气之下走了，不买了。去了另一家汽车 4S 店，价格一样，最后对方爽快地送了一个方向盘套。拿到方向盘套后他很感激，当场承诺以后如果有朋友买车，一定介绍到这里来。

第一个汽车销售顾问实在太失败了，一个方向盘套不过100元，可一台车要十几万，孰大孰小难道他不知道吗？送一个方向盘套又如何呢？对这笔交易又有什么大的影响呢？显然，第一位销售顾问的失败之处就是太过于死板，只想着争取最大的利益，想占客户的便宜，而忘记了客户的心理以及成交的重要性。与第一位销售顾问相比，第二位销售顾问就聪明多了，慷慨地送了客户一个手工真皮方向盘套，让他高高兴兴地成交。赢得了客户的信任，以后极有可能会向他介绍更多的客户。这位销售顾问得到的与一个方向盘套相比，简直是小巫见大巫，划算很多。

因此，慷慨在业务谈判中有时候并不一定就是吃亏，还有可能是占便宜。当然，这里的"慷慨"要适度，让步要有原则，如果过度慷慨，就与谈判的目的背道而驰，即使促成谈判也没有太大的意义。

王俊辉是江苏苏州一家销售德国叉车品牌的销售员，有一次他讲了一件关于销售谈判的事情。

那一天他去苏州园区一家工厂谈业务，因为之前就有沟通过，这家工厂需要购买几台叉车，这次主要去和对方谈一些细节，签订购买合同。

与王俊辉商谈的是这家工厂的采购经理，在看了王俊辉提供给他的一些资料后，对方说："只有首保是免费的啊，第二次保养能不能也给免费啊？"

王俊辉说："这个是厂家规定的，我们不好更改呀！"

对方说："这样，第二次保养也免费吧，你看行吧？"

王俊辉面露难色，其实他在心里默默盘算了一下，第二次保养也就是换一下机油和机滤，检查一下机器各部件是否运行正常，也没有多大的费用。于是，稍作考虑之后他慷慨地说："既然您都这样要求了，行，没问题，第二次保养免费。"

对方听王俊辉答应了自己的要求，心中不免有几分高兴，继续看着相关资料，接着提要求说："叉车送过来之后，你看能不能安排一个人给我们的司机培训一天，毕竟是新车，讲一讲该注意些什么，免得还没怎么开就弄坏了。"

王俊辉微笑着说："看得出您是一个非常细致的人，我们公司有培训班，您可以把司机送到我们公司的培训班进行学习。"

对方说："你们培训班讲的大都是理论，而且地理环境不同，我希望你能派工程师直接来我们这里为司机培训指导一天。"

这次王俊辉没有做太多的考虑，想了想，依然慷慨地说："行，到时候我尽量给您安排吧。"

随后，对方对价格提出了异议，希望能够降价。王俊辉说："我想您看得出我也是一个实在人，能答应您的条件我一定不会推三阻四，但是价格我确实没法降了，这已经是最低价了，我给您降100元，我就要自己掏100元补给公司，希望您能够理解。"

对方说："明白，你做了这么多让步我也很感激，我听说你们公司有送机油的活动，你就送我一桶机油，给我们的旧叉车换一下吧。"

王俊辉略作思考，依然慷慨地说："行，没问题。"

对方说："行，那就这样，我们签字吧。"

就这样，王俊辉的这笔业务谈判成功。

在业务谈判中，当对方提出要求后，很多人会马上拒绝，然后与对方讨价还价，争取更多的利益，这是目前最常见的一种谈判方式。而在这里，我们要倡导大家在谈判中要慷慨。为什么呢？这是一种攻心策略。

让对方感受到你的实在，在你慷慨地做出让步后，逼迫对方在关键的时候也做出相应的让步。比如在以上案例中，王俊辉在对方提出两个条件后，都慷慨答应了对方，而当对方提出降价的时候，王俊辉拒绝了对方，而且对方没有和王俊辉继续争执、讨价还价。这是因为王俊辉在前面已经慷慨地做出了两次让步，从人际关系的角度来说，现在该对方让步了，因此，对方放弃了价格上的争执。

在慷慨让步的时候，需要我们注意这样几点，否则，你的慷慨可能会给失败埋下种子：

第一，注意"慷慨"的尺度。做出的让步要对自己的利益影响不大或者无影响。从以上案例中我们可以看到，在王俊辉做出的几次让步中，每个让步对自己来说都没有太大的影响，送一次保养、送机油、派工程师专门为他们进行培训，这些与几十万的叉车和后期长期的服务合作及可能再次向他们销售产品来说，不值一提。因此，聪明的王俊辉慷慨地答应了对方的要求，赢得了对方的信赖和认可。

第二，坚守核心条件。不同的谈判具有不同的核心条件，有些条件我们可以做出让步，而有些条件我们宁可谈判失败也不能做出让步，这种条件便是谈判中的核心条件。比如你想把产品打入某商场，目的是提高宣传影响力。 那么，你与商场谈判的核心目的是让产品进商场，而场地租金、管理费等便是非核心条件。 再比如你去租一个房子，希望以最便宜的价格拿下来，那么在与房东谈判的时候，价格就是核心条件，而地理环境、小区大小等就是非核心条件。

　　还拿以上案例进行分析，销售中谈判主要谈什么？价格，王俊辉的目的是争取到最大的价格，他之所以慷慨地做出了一些让步，是因为对方提出的那些条件没有影响到最终的谈判目的，此外，他做出这些让步是为了坚守核心条件。

　　总之，业务谈判中，慷慨要有度，要适当，但需要慷慨，因为这是心理战的一个重要方面，能够为我们赢得在一些关键问题上的谈判优势。

攻心，才是说服成功的关键

攻心谈判是在了解客户的基础上进行的，攻心并不是毫无边际地胡侃，而是要在谈判中抓住客户的心理，转换一下谈话方式或者关注一个小细节就可以获得客户的合作。

话不在多，攻心最重要！

无论是日常生活中，还是商务谈判中，都少不了说服别人。在商务谈判中，如果一句话说到客户心里去，会帮你赢得大单。那么怎样说服的成功概率最大呢？最精髓的东西又是什么呢？

其实，很多人害怕思考这个问题，因为大多数人习惯在谈判中随机应变。没错，随机应变是必不可少的谈判技巧，但是掌握说服的技能则可以使谈判进行得更加得心应手。

要想说服对方，取得谈判的胜利，关键还在于要攻克对方的心防，步步为营，以此达到说服对方的目的。

我们认识的人中可能有被大家戏称为"话篓子"的人，这种人虽然话很多，但是没几句是非说不可的，甚至话多得让人有些厌恶。很显然，这就是没有把话说到点子上，自然会招致厌恶。

在谈判中，更是忌讳话多。话多了，就不能专心地倾听对方的想法，没有倾听就不能全面地了解你的谈判对象，不了解对象，说服自然是无从谈起。

台湾有一位知名的"讨债专家"说：这世界上有三种人的债最难讨，即民代政客、警察和黑道。不过，他都有办法讨得到，因为他深知他们的弱点：民代政客怕丑闻，警察怕被告，黑道怕人情。只要掌握了他们的弱点，他们一样乖乖听话。

这位"讨债专家"可以说是如假包换的攻心专家，因为他抓住不同人的特点，从不同的心理类型出发，自然能够达到自己的谈判目的。

攻心不仅是用在讨债上的良方，只要攻心到位，别说讨债了，爱情、事业、订单、财富、育儿和人生幸福，哪一样不是顺风顺水呢？

包括美国联邦调查局和知名国际公关公司在内的许多谈判高手都表示，要说服一个人，口才不是重点，攻心才是关键。

比如在饮料销售中，询问顾客"您需要咖啡吗？"或者"您需要牛奶吗？"就不如问"您是需要咖啡还是牛奶？"取得的销售额高。原因在于，消费者在购买饮料的时候往往比较盲目，更多的人并不知道自己要什么好，如果抓住了这一心理，主动提供给消费者一个选择，那销售成功的概率就会很大。

打个比方，攻心就好比打靶，谈判对手就好比是靶心，正中靶心，即是攻心成功、说服成功。

王华是某烟酒厂的销售员，负责向各酒店推销公司的烟酒。

有一次，王华来到某高档酒店，希望能见一下他们老板。服务员通报一声回来说，老板在开会没时间见他。其实王华也知道这只是老板的托词，可是他并没有转身就走，而是在外面一直等了将近三小时，等到老板下班出来。

王华连忙上去说明来意，老板先是坚持要 6000 元进店费，而后又以有事为由开车走了。所以这件事迟迟没有结果。王华后来又跑了多次，酒店老板都以有事为由避而不见。

因为该酒店在当地有一定的影响力，所以王华心想无论如何也要拿下这单生意。王华愈挫愈勇，一次次地被拒绝，又一次次地去拜访，该店老板终于答应与他在办公室面谈。

面谈当天，为给酒店老板留下好印象，王华提前半小时就到达了该酒店。由于上班时间尚未到，所以王华在办公室外面等候，刚好听到两个服务员在说老板什么，询问之下才得知今天是老板的生日。

于是，王华立马出去买了一束鲜花。待老板上班时，王华首先将鲜花送给他并祝其生日快乐。这一举动使酒店老板激动万分，几句交谈之后，毫不犹豫地在协议书上签了字，进店费的事也是只字未提。

在这个故事里，王华仅仅借助一束鲜花就将生意做成了。我们看不出王华有多么出众的口才，他也没有在老板面前口若悬河，甚至不用介绍自己的产品如何好，只一束鲜花就成为沟通双方的桥梁，攻克了酒店老板的心防，使酒店老板从一开始的索要进店费，到后来变得亲切，产生合作意向，其实都是瞬间的事。

可见，面对客户时，话说得多少或者说得多漂亮都是其次，关键在于攻心。攻心是一种洞察客户心理、赢得客户信任的技巧。有时一句问候、一个微笑、一个动作就能感动"上帝"，就能获得客户的理解与回报，促成合作。

◇ 沟通力就是战斗力，成功都是"谈"出来的 ◇

我不能给您打折，但可以送您20次的洗车券。

以不重要的利益做诱饵，适度让步，让对方感到你的慷慨，从而促进成交。

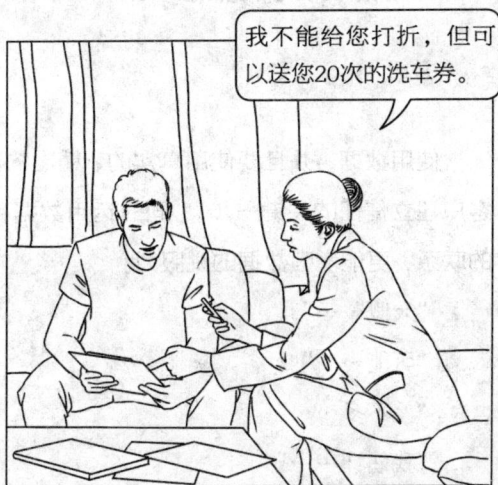

哇，谢谢，您很贴心。

祝您感恩节快乐。

说服一个人，攻心才是关键。适时送出的温暖会击中对方心里最柔软的区域，促成对方合作的意愿。

说出精准数字与信息

使用数据，并且要使用真实的、精准的数字和信息，是与客户建立信任的关键一步。同时运用数据和重大事件及人物的联系，更能增强数据的说服力。

"大概……"

"可能……"

"差不多……"

"我估计……"

"两三天……"

这样的话在我们生活中出现的频率很高，因为日常交往中有些话是不需要给出精确答复的，或者是没有办法给出精准答复的。

然而，"我想成为一个有钱人"，这个模棱两可的愿望只会让你在执行目标时感到迷惑，你往往不知道该怎么走下一步。假使你的愿望设定是"我想在三年内存到100万"这样一个清楚的目标，你会自然而然地淘汰掉一些不可行的赚钱方式，并且规划自己的开销、收入。

可见，精确的数据和目标更能激发人的奋斗潜能。

谈判的时候也是一样的，你在买衣服的时候一再要求对方便宜一些，而卖方也同意可以给你优惠，然而如果没有具体的价钱协商，交易还是无法完成的。

有一种说法是这样的，如果能用小数点以后的两位数字说明问题，那就尽可能不要用整数；如果能用精确的数字说明情况，那就最好不要用一个模模糊糊的大约数字来应付别人。这种说法用在谈判中一点也不为过，在谈判中涉及的数字问题，要尽可能做到精确，精确，再精确。

在谈判中，如果不能拿出精准的数字和信息，给对方的仅仅是一个模糊的、大致的，甚至有时候是一种捉摸不透的信息，很可能会影响对方的判断，影响谈判的效果，甚至是最终的结果。

做销售工作的人可能会有这样的问题，明明自己已经把产品的基本信息传达给了客户，完全是如实告诉他的，可是客户却好像不能完全放心的样子，迟迟不做出回应。这个时候即使你再怎么跟对方夸赞自己的产品，也只是一个模糊的概念，对方还是不敢信任你。

那客户到底是在担心什么呢？其实，可能持犹豫态度的客户连自己都不知道自己在怀疑什么。这时候，销售人员最需要做的就是拿出具体的、精确的数据信息来帮助客户了解产品，增加其对产品的信任度和放心度。

那怎样才能够透露出具体的信息呢？

"实验证明，我们的产品可以连续使用 5 万小时没有质量问题。"

"没错，儿童食品尤其要注意安全卫生问题，我们公司生产的儿童食品经过了 11 道严格的操作程序，并且公司内部已经进行过 5 次卫生检查。"

这样的精准数字就很能说明问题，不仅能够解决客户的后顾之忧，更能够打破客户的担心，也就是我们所说的攻破客户的心防，取得客户的信任。

当然，并不是任何谈判场合使用精准的数据都会取得正面的效果，那就是精确数据使用不当的问题。

首先，谈判所使用的数据必须是真实的可信的数据。使用精确的数据说明问题的目的就是增加客户对产品的信赖，所以，使用的数据本身一定要真实准确，否则，使用数据也就失去了其原有的意义。

同时，如果客户发现了数据的虚假和错误，就有充分的理由认为销售人员甚至企业都在玩弄欺骗的把戏，目的不过是欺骗消费者上当而已。这就会给谈判人员和公司的长久发展造成很坏的影响。

其次，使用的数据最好是和有影响力的人和事相关，因为这样的数据更容易给对方留下深刻的印象，如果是推销产品，不妨借用名人效应。

比如"某个明星从多少年前就使用我们的产品了，到现在为止，已经建立了六年零五个月的合作关系，双方合作非常愉快。"

"这是某次奥运会的指定产品，那次奥运会就使用了456730箱这个产品。"

显然，这样比较有影响力的数据更有说服力，因而更容易让对方产生信任感。

国内某家电生产厂家新生产出一种质量上乘的洗衣机，这种洗衣机得到了国家认可的5000次无故障运行。为了迅速占领市场，该厂家想出了一个绝妙的广告宣传方法：为了向消费者证明这种洗衣机的质量正如同产品研发部门所说的"连续使用 5000 次无质量问题"，这个家电生产厂家在王府井大街的黄金地段租了一个小亭子，然后把新研发出的洗衣机放在小亭子里供来往的行人参观。那台放在王府井大街的洗衣机一直处于启动状态，而且完全公开地接受群众监督，绝对不可能出现中途另换一台同样洗衣机的现象。那台洗衣机迅速引起了人们的关注，结果在它连续无故障运转了 5000 次以后，该厂家生产的这种洗衣机迅速占领了大片市场，一举成为消费者心目中的名牌产品。

另外，值得谈判人员注意的是，很多相关数据是随着时间和环境的改变而不断发生改变的。因此，谈判人员必须及时把握数据的更新和变化，力求将最新的、最准确的信息呈现给对方。

任何时候都不踏进谈话禁区

谈话的禁区，除了忌讳的话题、专业术语和过于省略的简称外，还有很多是需要我们在谈判实践中不断发现、不断积累的。了解谈判误区，谈判才能畅通无阻。

要想在谈判中一步步走进对方的内心世界、攻破对方的心理防线，谈判成功的概率才会更大。然而，在谈判过程中，有些谈话的禁区是不能触碰的。

沟通过程中，在一些特殊的情况下触犯了一些禁忌，不仅会得不到任何好处，还会惹一身麻烦。作为谈判人员，如果能经常想一些与此相关的问题，会让你在谈判的时候更加得心应手。

"如果是我，我希望谈判对手和我聊什么话题？"

"如果是我，怎样的话能让我愿意交谈？"

"如果是我，什么样的话题是让我厌恶的？"

"如果是我，什么样的话题是我不愿意与之交流的？"

其实，这么多归结到一点还是一个问题——明确哪里是谈话的禁区。

很多谈判人员，特别是销售人员，在和陌生的客户打交道的时候，由于不知道哪些是禁忌的话题，不知道怎么运用客户听得懂的语言沟通，结果导致四面碰壁。

那么，该如何避免这种情况呢？你可以注意以下几点：

（1）不要在客户的伤口上撒盐

一位上门拜访的销售员说："刚才我看到那里停着一部灵车……"结果他立即被主人赶了出来。

其实，这是应该回避的话题。一般来说，以下的话题都应该尽可能回避：

①宗教。有些人有自己的宗教信仰，而有些人没有宗教信仰，这样的话题容易引起误会，尽量少谈。

②政治。无论你的谈判对象持哪种政治信仰，甚至参加了哪个党派，这都和你的谈判没有任何关系。

③外貌。不管对方是胖是瘦，是美是丑，都不应该议论他人的体形和外貌。即使客户自我嘲讽："像我这种胖子……"也应该报之以微笑，避免回应这类话题。

④批评竞争对手的商品。这是尤其禁忌的话题，虽然可以向顾客提示商品测试的客观资料，比如"××公司产品测试的结果怎样怎样"，但也不能加入个人意见。绝对不能以自己的意见批评竞争对手的商品，那样会给人留下不好的印象。

⑤批评自己的公司。有些人为了拉近与客户之间的距离，往往会批评自己的公司和上司，其实这种行为是很大的禁忌，不仅有损自己和公司的形象，更得不到任何实质性的好处。

（2）回避专业用语和业界通用语

应该视客户背景决定是否使用专业用语和业界用语。如果运用不当，反而会阻碍谈判的顺利进行。

让我们进行一个小测试吧。

曾经有人去 NTT（日本电信公司）洽谈："可不可以将不用的旧电话机退给你们？"

NTT 如此回应："当然可以回收，但必须采取捐赠受理制。"

在某观光饭店客房内，有一张征求房客对住宿的感想和意见的问卷。其中有这样一个问题："请教你对于 Concierge 的意见，以及对我们的服务是否有什么建议……"

怎么样，你是否能够准确无误地理解"捐赠受理制""Concierge"这两个听起来陌生的词汇呢？很显然，如果不是专业人员，几乎是无法理解这其中代表的意思的。这也是谈判过程中的一个很大的禁忌，因为谈判首先是建立在彼此能够沟通的前提下，专业用语只适合和专业人员沟通使用。

如果仅凭着卖弄自己所知晓的专业用语来显示自己的能力，反倒证明了自己的无知和愚蠢。

（3）语言的省略要适当

对于熟人，由于彼此之间已经在平时的交往过程中形成了一种无形的交流默契，这样，在交流的过程中难免会出现语言和信息的省略现象。但是，这却丝毫不影响交流。

然而，对谈判来说却不是这样的，特别是对那些素未谋面的两位谈判人员来说更是如此。因为语言省略有可能会给对方造成误会。

假设有一家公司名为"经济调查研究会"（如果有同名的组织，纯属偶然），由于公司名称很长，所以，当事人和相关从业者都将该公司简称为"经调"。如果我们第一次打电话去该公司，听到"你好，这里是经调"时，一定会一下子不知所措。 这与前面的专业用语和业界用语的情况如出一辙。

我们仔细分析一下语言就会发觉，"经调"把所有打电话的人都当作了自己单位的"熟人"，满口都是省略过的语言，很容易让人听不懂，那更谈不上进一步的沟通和交流了。

乔·吉拉德曾说："在沟通过程中触犯禁忌和说别人听不懂的话题，等于向天空吐口水，最后自己是最大的受害者。"说的正是我们以上想要教给大家的谈判技巧。

张弛有度，博得听众喜欢

采用友好的方式缓和与听众的紧张关系。

采用一种调笑的方式来松弛紧张的气氛，排除障碍。

消除反感的方法最根本的还是取决于你的态度，放低你的姿态。

美国奴隶制被废除前，伊利诺伊州南部的人非常荒蛮，出入公共场所都要携带利刃和手枪。他们对于反对奴隶制度的人们非常愤恨，因此他们和那些从肯塔基和密苏里两地渡河而来的畜养黑奴的恶霸们一同预备到林肯的演说现场进行捣乱。他们还立下誓言，说林肯如在当地演讲，他们立刻把这个主张解放黑奴的人驱逐出场，并把他置于死地。林肯早已听到了这一恫吓，同时他也知道这种紧张的形势对他来说是十分危险的，但是他说："只要他们肯给我一个略说几句话的机会，我就可以把他们说服。"因此，他在开始演讲之前，亲自去和敌对的首领相见，并且和他热烈地握手。

"南伊利诺伊州的同乡们，肯塔基州的同乡们，密苏里的同乡们，听说在场的人群中有些人要和我为难，我实在不明白为什么要这样做。我也是一个和你们一样爽直的平民，那我为什么不能和你们一样有着发表意见的权利呢？好朋友，我并不是来干涉你们的人，我也是你们中间的一人。我生于肯塔基州，长于伊利诺伊州，和你们一样是从艰苦的环境中挣扎出来的。 我认识南伊利诺伊州的人和肯塔基州的人，也想认识密苏里的人，因为我是他们中的一个，而他们也应该更清楚地认识我。 他们如果真的认识了我，就会知道我并不是在做一些对他们不利的事情，同时他们也绝不再想对我做不利的事了。 同乡们，请不要做这样愚蠢的事，让我们大家以朋友的态度来交往。 我立志做一个世界上最谦和的人，绝不会损害任何人，也绝不会干涉任何人。 我现在诚恳地对你们要求的，只是求你们允许我说几句话，并请你们静心细听。 你们是勇敢而豪爽的，这个要求我想一定不至于遭到拒绝。 现在让我们诚恳地讨论这个严重的问题……"

当他演说的时候，面部的表情和善友好，声音听起来也非常恳切，这婉转的演说开头，竟把将起的狂涛止息了，敌对的仇恨平息了。 大部分人都变成了他的朋友，大部分人都对他的演说大声喝彩。 后来他当选总统，据说由于那些粗鲁群众的热烈赞助，得分不少。

面对有敌意的听众，除了表现你的友善、友好，还有一个很好的方法，就是采用一种调笑的方式来松弛紧张的气氛，排除一部分障碍，淡化听众的反感。

英国演说家迪克·史密西斯有一次劝说电力供应行业的董事长们联合起来，成立一些更大、更有效的部门。 他事先知道与会者对此不屑一顾，自己不受欢迎，于是他说："今天在黎明前，我离开威灵顿的家。 我到达飞机场时，天色仍旧漆黑一片，机场上空无一人。 检过票后我进入走廊，我感到迷惑不解，因为我看不到一个旅客。 我登上扶梯，走进空荡荡的机舱里坐了下来。我开始奇怪，是不是出了差错？不一会儿，一位空中小姐出现了。'旅客们都在哪儿呢？'我问道。她耸了耸肩说：'全在这儿了。'于是我孤零零地坐在那儿，暗自想道：'我知道我不受欢迎……但也不至于这样。'"董事长们一下子就被这段引子逗乐了。接着，他又就自己不受欢迎大做文章，直到听众无拘无束地松懈下来。显然，史密西斯刚才的一番话帮他消除了听众的抵触情绪。

消除反感的方法不止一两种，最根本的还是取决于你的态度。我们最好采取低姿态，因为激起听众敌意的，往往是你自认在他们之上。谈判时，你就如同展示在橱窗里的商品，你个性中的每一面都将一览无余，任何自夸自傲都会让你功败垂成，而谦虚可以激发信心与善意。只有显出你的真心诚意，对方才会喜欢你。

第七课

谈判让步术

不做没有价值回报的让步

谈判中为什么一定要你先让步呢？

你怎么就能确认对方不会让步呢？

当所有销售员都在价格上不断地让步，那么公司拿什么来赢利呢？

你愿意做亏本的、没有回报的买卖吗？

如果不做出让步，谈判失败，你承担得起吗？

在谈判过程中，不要以为你善意的让步会感动对方，使谈判变为更加简单而有效，这只是一厢情愿的想法。事实恰恰相反，在你没有任何要求的让步下，对方会更加有恃无恐、寸土不让，并且还会暗示你做出更大的让步，因此想以让步来换取对方的让步是不可能的。

要知道，谈判桌并不是交朋友的场所。一些销售人员认为谈判总需要有一方做出让步，否则谈判将无法进行下去。这种理念听起来确实不错，但问题是为什么一定是你先让步呢？

你的让步或许使对方会认为你在表示诚意，但老谋深算的对手绝不会这么看，他们不会被你的诚意所感动。相反，他们会认为你软弱可欺，谈判的态度会越发强硬起来，会变本加厉来迫使你再次让步。

也许你会经历过这样的情景：你千辛万苦地开发了一个重要客户，对方虽然认可了你的产品，但始终不同意接受产品的价格。你当然不能让煮熟的鸭子飞了，无奈之下做出了价格让步，但有言在先，下次订货时要按标准价格执行，对方满口答应。好不容易盼到他们再次要货了，出乎你的预料，他们不但不认可标准价格，还威胁你如果不给予相当的折扣，他们会与其他的供应商合作，而且永远不再和你来往了。此时此刻，你的肺可能快要气炸了，但又有什么办法呢？

砍价是买家的本能，即使是可以接受的价格，他们也会表示不满，还会要求你让步，哪怕是1%的折扣。不要小看一个百分点，假如对方年销售额是500万元，让出一个百分点就是5万元，你有没有办法可以马上将损失填补，好像很难。在买方提出降价的要求时，可以用其他让步方式来代替，比如一定范围内的退换货支持、加大宣传力度、提供人力支援等，尽量避免因价格的下降给企业带来不必要的损失。从买方角度思考，只要在交易中切实获得了更多，那么无论何种方式都是可以接受的。

所以，当对方要求你让步时，应该索要一些回报，否则绝对不要让步。

有一家大型知名超市在北京开业，供应商可以用"蜂拥而至"来形容。小王代表一家弱势品牌与对方进行进店洽谈。谈判异常艰苦，对方要求十分苛刻，尤其是60天账期实在让人难以接受，谈判陷入了僵局，并且随时都有破裂的可能。一天，对方采购经理陈某打电话给小王，希望小王提供一套现场制作的设备，能够吸引更多的消费者。小王刚好有一套设备闲置在库房里，但他没有当即痛快地答应，而是这样回复的："陈经理，我会回公司尽力协调这件事，在最短的时间内给您答复，但您能不能给我一个正常的货款账期呢？"最后，小王签得了一个平等的合同，超市因为现做现卖吸引了更多的客流，一次双赢的谈判就这么形成了。这其中不能忽视让步的技巧所起到的作用。

这个案例告诉我们：即使在谈判陷入僵局的时候也不要轻言让步，不要认为只有做出让步才会使谈判得以正常进行，你怎么知道对方一定不会让步呢？随着买方市场的到来，暴利时代已经彻底结束，任何产品的利润率都在下滑，企业的利润往往保持在一个合理的范围之内。但很多企业的销售人员都比较缺乏赢利观念，在他们脑子里除了订单就是销量，缺少基本的大局观念，加之领导的错误引导和公司制度的不健全，导致他们为了完成销售任务，或者因为绩效奖金，不惜在产品价格上给予优厚折扣，这是非常不可取的方法。

1. 谈判中不要轻易提出让步

即使你是非常优秀的谈判手，也有不得不让步的时候。但是高明的谈判者绝不会轻易提出让步的，因为他知道，即使自己占据有利的谈判地位，也有可能因为先做出让步，使对方坚定了信心，也使对方强化了其立场，从而失去自己先前的谈判主动权。

销售谈判的成功往往取决于许多心理因素。当相互让步处于关键阶段时，双方谈判者的心理活动异常激烈，此时此刻，与其说双方是在计较利益，不如说双方是在较量心理。

高明的谈判者明知对方一定要做出某些让步，但是他就是回避有关让步的话题，更不愿意斩钉截铁地说："你必须如何……否则我方就退出谈判。"有些谈判高手甚至只是哼哼哈哈，保持沉默。 如果你面临这种情景时，一定要沉住气，不要主动提出你的让步方案。

2. 谈判中要学会有条件地让步

在你面临不得不做出让步决定之前，你要对自己的让步附加某些条件，以利换利，从追求自身利益最大化的角度出发，只要有可能，你就应该对自己的每一次让步寻求回报，换取对方的让步。

因此，需要注意的是，先说出条件，再谈你的让步。 也就是说，你可以先给对方提出你的让步条件，在对方认同你提出条件的前提下，再谈你的让步。

3. 谈判中要做到有效地让步

实践表明，除了有条件让步之外，你还应该考虑做到有效地让步。 "有条件让步"的基本特征是"以利换利"。 而有效让步是指你的让步不至于使对方得寸进尺，而迫使对方也不得不让步。 这里的让步技巧主要包括以下几方面：

（1）让步的步伐不宜太大

经验表明，一次成功的让步通常是很小的让步。 如果做出"大步流星"式的让步，你的信任就要受到影响，对方就会向你进一步施压，迫使你做出更大的让步。 因此，即使你认为必须做些让步，让步的跨度也不要太大。

（2）不得不让步时请选择好时机

当你处于不得不让步的情况下，做出让步的决定也应该是一种有效让步。因为发现自己处于让步余地很小或无处可让的地步，但你又希望谈判继续向前推进，这时候就要做好让步准备。即使你处于不得不让步的境地，也要选择好让步时机。让步要让在适宜的火候上，要恰到好处，而且要具有不可预测性，使对方不知我方在什么时候能让步，在什么问题上会让步，以免对方摸清我方部署，向我方施加压力。

（3）一揽子让步

谈判往往涉及多个谈判议题，如果其中多数谈判议题谈判双方已经达成广泛共识，但也仍然存在某些分歧时，你可以向对方提出一揽子让步要求，尤其是在需要利用它们来克服"路障"、寻求满意的解决方案时，你的要求往往会得到对方的接受。

（4）保护面子的让步

在相互让步的磋商中，有时候你会发现，由于种种原因，对方也想让步，但又担心丢失面子。比如，对方曾经说过这样的话："除非我们老板把我撤换，你们别想再让我妥协。"对方的原意是试图阻止你对他的威逼。但谈判进程的发展迫使对方必须让步，对方也深感自己目前的立场是守不住的，可是对方基于已经把话说绝了，似乎再让步就是自己在推翻自己的上述语言。这时候你就应该设法给对方搭建台阶，使得对方体面地下台阶，这样对方可能会再次让步。

4. 让步时应遵循的原则

（1）谨慎让步。 要让对方意识到你的每一次让步都是艰难的，使对方充满期待，每次让步的幅度不能过大。

（2）尽量迫使对方在关键问题上先行让步，而本方则在对方的强烈要求下，在次要方面或者较小的问题上让步。

（3）不做无谓的让步，每次让步都需要对方用一定的条件交换。

（4）了解对手的真实状况，在对方急需的条件上坚守阵地。

（5）事前做好让步的计划，所有的让步应该是有序的，将具有实际价值和没有实际价值的条件区别开来，在不同的阶段和条件下使用。

"让"也要"让"个明白

业务谈判是一个非常曲折的过程，在你来我往的争论中，双方都希望获得最大的利益，有时候一场谈判十天半个月解决不了，一味地坚持，只会让局面更加僵化，这个时候怎么办？聪明的人就会采取"曲线救国"的方法，在变通中适当地做一些让步，所谓与人方便，自己方便，退一步海阔天空。

在业务谈判中，让步的情况非常常见。有时候是买方的让步，有时则是卖方的让步，或者两者在关键问题上都后退一步，从而把争论变成合作。可是在具体运用让步原则时，有些谈判人员的行为过于草率，为了尽早地促成订单，在没有坚持的情况下就"举手投降"，使得己方过早地败下阵来，对方也不领情，甚至因为我们表现得很软弱，于是不可避免地轻视我们，暗示我们做出更大的让步，将整个谈判玩弄于股掌之中。

所以，让步不仅要适度适时、恰如其分，还要让个清清楚楚、明明白白，让对方感受到我们的真心实意。吃亏也要吃在明处，这就是谈判中让步的清晰原则，灵活地运用这样的谈判艺术，可以让整个谈判"柳暗花明"，出现新的转机。

在古代有两个国家，一个是卫国，一个是宋国。宋国为了改善农作物的结构，想要种植水稻。可是水源流经卫国，卫国一听宋国想要种植水稻，害怕对方的国力超过自己，于是以断绝水源为手段，威胁宋国不准种植水稻，双方就此争执不休，谁也不肯让步，一时间谈判陷入僵局。

这时宋国一名智者站了出来，自告奋勇地前去卫国充当谈判使者。他对宋国国君表示，自己有充分的信心说服对方放水。

智者来到卫国后，对卫国国君说："你们这样做不明智啊！"卫国国君不解地询问原因，智者说："宋国国君准备继续种植原来的农作物，以后再也不用求你们了，如果你们现在让步，给宋国放水，虽然做出了一些微不足道的牺牲，可是以后他们只要想种植水稻就要向你们低头，这么好的一件事情，你们怎么不答应呢？"

卫国国君一听很有道理，让一步就可以施恩于宋国，让他们明白卫国的重要性，以后在两国关系中就会处于主动，这个办法确实不错，于是点头答应给宋国放水了。

智者正是利用卫国国君明白让步后能够使宋国感受到己方的"牺牲精神"这一巧妙策略，成功地化解了两国的矛盾。

史方是一家企业的老总，公司主要经营的是纺织品。一次，史方通过朋友介绍结识了一家大客户，对方订单量很大，在对史方的公司进行考察后，也感到很满意，于是双方进入了实质性的谈判阶段。

谈判过程也比较顺利，对方不仅订货量大，而且定价也公道，史方内心很高兴。谈判很快进入最后阶段，在回款问题上对方突然提出想要用史方公司所需的原材料来顶账。也就是说，这批合同不是现金结账，而是用材料抵扣。

史方一下子犯了难，谁都知道，商业经营者都喜欢现金流，只有真金白银才让人踏实放心，于是据理力争。可是对方在这一点上态度强硬，寸步不让，理直气壮地指出反正史方公司的生产离不开原材料，用同等价值的原材料抵扣货款，史方公司实际上也没有吃亏，于是坚持不肯妥协，谈判一下子走入了死胡同。

　　从内心来说，史方迫切想促成这单生意，但是他心里有顾虑，如果自己轻易让步了，对方会不会认为他软弱可欺？但是不让步，眼看局面又难以达成协议。史方不禁陷入了两难境地。

　　经过一番权衡后，史方决定给予让步，但前提是让对方明白己方做出了牺牲，而不是对方口中所坚持的没有丝毫影响。

　　史方在心里组织了一下语言，然后诚恳地对他们说道："从表面上看，好像用材料抵扣不影响我们的利润，但是你们也是做生意的，在业务上讲究现金为王。因为现金有着很高的灵活性，我们可以随意使用，就拿给员工发工资来说吧，发给他们一堆原料顶替工资，他们愿意吗？你们发来原料顶账，我这里还需要筹措资金给员工开工资。再说原料受市场行情的波动，也许我们放到仓库会遇到价格下落的情况，这样我们会吃暗亏。但是为了我们以后能更好地合作，这次我答应用原材料顶账，然而吃亏也要吃在明处，我必须加以说明。"

　　史方有礼有节的话语让对方也不好意思起来，刚才那种态度强硬的现象不见了，其实他们内心也很清楚史方所描述的情况，只不过故意装作不知道罢了，于是态度赶紧和气下来，和史方愉快地签订了合同。日后他们在与史方的合作中，如果不是有特别紧张的资金压力，一般都会以现金的方式结算账目，史方明明白白的让步让对方也宽容了不少。

从史方和对手的谈判中，我们清楚地看到了明白无误的让步原则在谈判中的重要作用，这样不仅能够挽救谈判局面，让其起死回生，还能使对方明白史方确实做出了一定的牺牲，因此不论在本次谈判还是将来的合作中，对方也会相应地体谅到让步一方的难处，可以从很多方面做出一些妥协的行为。因此，我们在谈判过程中的让步要把握以下几个原则：

第一，谈判中要分清形势。实力较弱或有求于他人的一方应当适当地使用让步策略。不能为了面子一味坚持，以致双方难以有效沟通。同样，实力较强的一方也因为心中的底气足，在谈判中会态度强硬，心理预期上也希望对方做出一些小退却，不仅面子好看，还可以占到一些小便宜。

上述案例中，史方处于较为弱势的一方，他迫切想要对方的订单，因为这项大订单确实能够给他带来不少利益。在这种情况下，只要对方开出的条件不是太过于苛刻，一般都应做一些让步，以免拉弓过满，不好回头。

第二，坚守主要问题，在次要问题上让步。谈判的主要问题解决了，次要的问题都属于枝叶上的事情，不必过于纠缠，应该快刀斩乱麻，尽快签订合同，以免夜长梦多。

上述案例中史方之所以敢于让步，就是因为对方价格还可以，绝对可以保证己方的利润，即使使用同等价值的原材料抵账，行情的微小波动也并不会让他受到多大的损失，所以这个让步条件并不太苛刻，影响不了大局。

第三，让步让得清楚明白。既然让步了，就要让对方清晰地看到我们确实是做出了牺牲，而不是委曲求全、忍气吞声，否则会使对方认为我们底气不足，或是智商不够，以后就会变本加厉地加大欺负力度。

史方很好地利用了这一点，先是强调现金的重要性，然后拿员工工资做比喻，让对方感同身受，这样就具有很强的说服力。最后毫不犹豫地表明自己确实吃了亏，只不过为了整个谈判大局不予计较而已。这样一番话语转折下来，既摆明了自己的立场，又算清了吃亏的账目，不由对方不心生歉意。如此一来，在日后的合作中，对方也不敢再轻易地让你吃亏，甚至还有可能也相应地给予妥协，除掉合同中一些不合理的条款。

适度的让步

在谈判中，不要追求完全平等的让步。我们无法要求在自己让步以后，对方也做出同等幅度的让步。能不能争取到这种互利互惠的让步方式，很大程度上取决于我们进行商谈的形式。我们经常有两种不同的谈判方式：一种是纵向深入，即先集中谈判重要的原则，再开始解决其他问题；另一种是横向铺开，几个话题同时展开谈判，同时取得进展，同时向前推进。显然，采用纵向商谈，我们易与对方纠缠于某一单个问题，而且经过一番努力后，很可能只会有一方做出了让步；而当我们选择横向商谈时，因为把整个谈判的内容、议题集中在一起同时展开，也很容易在各个方面都进行利益交换，获得互利互惠式的让步。

适度的让步，不仅能产生互利互惠的结果，还常常会让我们有意外的收获。它往往会使对方的人开始或者进一步地分化，这对我们来说是非常重要的。

在让步时我们可以从以下四方面做出选择：

（1）选择时机。让步的时间可以提前也可以推迟，重要的是选择最佳的时机，以便更充分地满足对方的要求。这个要诀在于使对方在迫不及待的时候马上就接受，根本来不及犹豫和思考我方的动机。

（2）选择内容。 让步的内容可以让对方满足或者增加对方满足的程度。 人们常常可以从讨论的问题当中及与问题有关的事情或不相关的其他人那里获得相当的满足感或者增加满足的程度。

（3）选择成本。 让公司、公司中的某个部门、某个关键人物、谈判者自己负担成本上的亏损。 让步的实质比表面上更为微妙，它让我们不得不思考：受益人、用什么方法、在什么时候以及什么来源。 这些都必须全盘周详地考虑清楚，才能更有效地运用。

（4）选择好处。 谈判者所代表的利益和因此而受到的压力是多方面的，他的利益抉择经常关系到公司、公司中的某些组织部门、某个关键的第三者以及自己的利益。 己方做出的让步，不应该仅仅针对其所代表的公司，假如各方面的利益都能兼顾，对方会更乐意接受，并且很愿意做出相应的让步，哪怕让步额度大一些，他也更方便向各方面交代。

争取互利互惠的让步需要谈判者有开阔的视野，除了某些己方必须坚持的内容，不要太执着于某一个问题的让步，不要在一个地方卡死。

为争取互利互惠的让步，从众多的谈判实践经验中，我们有如下五点告诫：

（1）不要在不需要的时候让步，要在最需要的时候才让步。

（2）不要以让步换失败，要以让步换让步。

（3）不要在让步的时候毫无表示。

（4）没有必要做完全同等级的让步。

（5）不要抢先让步。

迫使对方让步

对谈判人员而言，谈判中的利益并非轻易就能获得，常常要经过激烈的讨价还价才能迫使对方让步。在这一过程中，可以采取如下的六种战术：

(1) 从对方阵营中找突破点

把对方阵营中持有利于己方意见的人员作为突破点，以各种方式给予支持和鼓励，与之结成一种暂时、无形的同盟。这一战术需巧妙施用，让他本人毫无察觉。只要对方谈判小组中某一成员松了口，其内部必然乱了阵脚，此时乘胜追击，争取对方让步也就大有希望了。另外，这种战术也容易使对方谈判小组内部成员之间相互猜疑，从而瓦解对方战斗力。

(2) 动用最有效的武器——竞争

再没有什么武器比制造和运用竞争更能迫使对方让步的了。当谈判一方存在竞争对手的时候，他的谈判压力会大为增强。这时，假如他的谈判对手聪明地给予这种暗示，强调应注意其竞争对手，就比较容易迫使他让步。

对大多数卖主而言，他们总是存在或多或少的同行，他们经营同类产品，不断地激烈竞争。即使是实力较强的卖主，他也会担心竞争对手对自己造成威胁，因此尽量让谈判对手知道还有人能提供更优惠的条件，他就有可能做出让步。

（3）示弱以求怜悯

人们总是同情和怜悯弱者，不愿意落井下石置之于死地。

在对方就某一问题要求我们让步时，假如我们无正当理由加以拒绝，但又不愿意在这方面做出让步，就可以装出一副可怜的模样向他们恳求。假如你的说法让对方觉得真实可信，他们很可能就会心软让步。在某些情况下，这种方法是值得尝试的。

（4）进攻是最好的防守

以进攻抵御进攻，以进攻阻止进攻，在你的防守难以支持的时候比较有效。在对方就某个问题要求我们让步时，我们经常可以将该问题与另一个问题联系起来，要求对方在另一个问题上也做出让步，这实际上就是以让步换让步。当然，如果对方提出的要求损害了你的根本利益，或者他们的要求在你看来是无理的，你也可以拿出一个他们根本无法答应或是荒谬的要求回敬他们，让对方明白你是有准备的，没有丝毫让步的余地。

（5）利用时间的力量

在谈判中，无论商谈任何事情都会有合适和不合适的时间。时刻表的更改可以适时地增强或减少自己的议价力量。许多重大的决定常常是因为"时间到了"而造成的，因此人们在谈判中才会如此多地应用最后的时间期限这一策略来诱使对方让步，而且效果都还不错。价格的威力往往也要借适宜的时间来展现，如果太早提出来，即使是很好的价钱，也难以取信于对方，但是经过几天讨价还价之后，再提出来的价格就容易被认可，这是许多人都清楚的事。略作让步之后，再突然地换掉谈判人员，就暗示对方，未来的让步已没多大希望了，我们的要求你们也明白了，是否愿意成交呢？时间的压力一定会使对方让步的。

（6）争取小方面的优惠

大部分的人都没有多大耐性，无法集中很多时间和精力在一件事情上。对谈判者而言也是一样，他们总是比较急于达成交易，尤其双方在主要问题方面已取得一致时更是这样。如果这时你再向对方提一个不太大的、不涉及根本利益的要求，他会因为不愿消耗太多时间和你争论这种小问题，急于结束这笔交易而很快地向你让步。

让步的注意事项

为争取互利互惠的让步，我们应注意如下 13 项：

1. 要掌握让步的技巧。 前文所列的种种让步类型和让步技巧，都要根据具体的情况做具体的分析，切忌生搬硬套。必须根据对方的情况、己方的情况、谈判场上的进展情况等，选择不同的让步策略，计算出不同的让步幅度，目标只有一个：争取最大利益。

2. 要把握让步的重要心理因素。 人们对轻易得到的让步往往不以为然，拒绝做出相应的让步，更谈不上较大的让步了；相反，对方珍视从你手里费了九牛二虎之力争取来的微小让步，而且他可能愿意为此付出较大的代价，即愿意做出较大的让步作为回报。 因此，让步技巧中的首要经验是："不要轻易让对方从你手里获得让步。"

3. 除了必须要做出的让步之外，也可以在较小的、不太重要的问题上先做出让步。 这样可以促使对手在更大的条件上做出让步来回报自己。

4. 你的让步应该是有回报的。 你的每次让步应该可以从对方那里获得好处；而对于对方的让步，你不必立即做出让步来回报。

5. 谈判场上崇尚精明、能干的人，因此不要试图通过让步赢得对方好感，这种人常常不是被对方看作愚蠢，就是被对方看作无能。

6. 在最后关头才做出让步。 明智的谈判者要避免谈判一开始就向对方做出让步！那些开局就做出让步的谈判者往往是那些处于非常虚弱的地位、渴望做成交易、尽快想达成协议的一方，在谈判过程中要坚决避免这种做法。

7. 以让步换让步，把己方的让步与对方的让步挂钩。 没有得到对方的某个交换条件时，千万不要轻易让步；没有经过重大讨论时也不要做出免费的让步。

8. 当我们明确地做出让步时，要向对方声明：其实我们做出这个让步是与公司的原则或者公司主管的指示相背离的，所以，只能做出这样一个让步，即便这样，我们已经很为难了。因此，贵公司也应该有所回报，让我们对公司有个交代。

9. 让对方先开口。 让他叙述所有的要求，这时候应该先隐藏住自己的要求，尽最大可能让对方首先在重要问题上让步，可以先在一些无关紧要的小问题上让步，有时不妨试试做一些干己丝毫无损的让步。

10. 如果你无法吃到大餐，也应该努力设法吃到三明治；如果吃不到三明治，喝一杯茶也是可以的。

11. 没有必要做完全同等级的让步。

12. 抛砖引玉。 谈判的要点并不在于我让了你一次，你让了我两次，而在于你一次让步的价值是不是大于我两次让步的总值。

13. 不要不好意思说"不"。 大部分人都怕说"不"，其实，如果你说了多次"不"，对方便会相信你是真的在说"不"。

让步的十个禁忌

优秀的谈判者做出让步并非无所顾忌，以下十个禁忌是需要引起注意的：

1. 一开始提出的要求不要太接近你最终的目标。 一个负责签订合同的重要官员曾说过这样一番话，尽管听上去有些过火，但还是很值得听：

"每一次谈判，你都应认识到对方——除非太天真——总是先提出最高的要求。 同样，你也应认识到对方——除非是笨蛋——无论如何也不愿暴露出自己最低的要求。"

2. 别以为你的要求已经足够高了。 很可能你的要求只是太一般，太容易满足了。 对方可能都不知道自己想要什么，或者他（她）对于价格的认识与你根本就不相同。

3. 不要没有回报地让步。 没有回报，或是未经过激烈的讨论，就不要轻易做出让步。

4. 不可接受对方第一次的要求。 许多人往往因对方的要求与他（她）预期的一样，便投降了。 事实上，对方可能愿意再做让步。 而且，对方可能会觉得你太愚蠢。 因此，无论哪种情况，你都不应该太急于接受第一次的报价。

5. 失败的让步可能会进一步地分化谈判各方，而不是使谈判不断地推进。 一个让步可能被对方看成其成功与优势的信号，于是其气势便不断地增强。

6. 不要因对方说鉴于某些规则或是制度不能做出妥协，你就随便表示同意。要记住，每个条件都是可以讨价还价的。

7. 别忘了你所做过的让步。总的让步水平对你谈判的优劣势有重要的作用，最好做个记录。

8. 不要降低自己的灵活度。灵活度就如你账面上的钱一样，每做出一个让步，离你最低的要求就接近一点。如果所有可能做出的让步都做出后，僵局就很难避免了。

9. 不要拘泥于某个特定条件上的让步，谈判的全局要比单个的条件重要得多。应该让对方了解所有的让步都是不确定的，都是建立在你对整个协议满意水平的前提之上。人们常常在不该让步时，也咬紧牙关执行做过的允诺，他们怕假如说话不算话会有悖自己的诚实。这种坚持往往会让你吃大亏，尤其是在对方根本就不讲信用的情况下。

10. 谈判之前要将各种条件都列出来，包括谈判的水平、最低的界限及每个条件的最初要求。一条积极的建议是每个条件都应有"必须"与"可让步"的项目，两者要结合起来以随时限制每一个让步的弹性。

"不让步"的策略

由于对方总是期待你妥协，所以"不让步"策略往往成为一种最强硬的举措。

在以下条件和情形下可以考虑"不让步"策略：

1. 当己方的谈判实力明显占上风的时候

在谈判中，让步表现为放弃或给予。当谈判一方的实力远远超出对方，以致能支配各种条款的制定，最适于使用不让步策略。该策略的成功运用常常是由于实力较强的一方发现了可使其遭受某种损失的威胁。当然，也可能是由于相对弱势的一方有非强势方不能提供的紧急需求。不论实力来自何方，实施该策略的关键在于必须具备远远超出对方的实力，只有这样才能迫使对方接受己方提出的条件。

2. 当己方处于一个不相称的弱者地位时

还有一种情况，明显的弱势方有时采用不让步策略也能获得成功。看上去较弱的一方威胁使用某些强硬手段，实际上很可能给较强势的一方带来损害。这种策略有点"玉石俱焚"的味道，只要威胁是足够而明显的，就会有效。例如，弱势方可以发出破产威胁。一个可信的破产威胁会产生不利后果，能使显然的弱势方变得很强。 在这种破产案中，只需出现以下两个条件，就可以发出破产威胁。

（1）对弱方来说，选择破产比接受强方提出的条件更加有利。

（2）强方从破产程序中的所得大大低于从其提出的条件中能够得到的。

3. 当第三方在一旁等待时

另一个能使不让步策略发挥绝佳效果的场合是，使用该策略的一方完全确信，一旦对方拒绝其条件，第三方肯定会接受。 有了这样的信心，对方如何反应就变得无关紧要了。 如果对方接受条件，己方的目的就在于此；如果对方拒绝接受，也没什么关系，因为可能通过与他人签订协议获得同样的收益。

4. 当资金缺乏和时间紧促的时候

对方缺乏资金与时间，也可以成为运用不让步策略的原因。 这种情况出于以下两方面的考察：

（1）成本——效益方面，对方手头的资金短缺，因而无法耗费较长的谈判时间。

（2）可利用的时间方面，对方能用的时间或许不足，或难以应付复杂烦琐的谈判活动。

若属于以上两种情况，都应考虑是否使用不让步策略，当然也不应该舍弃其他策略。

5. 当每一方都必须获得同等条件的时候

在这个场合中，使用不让步策略的一方必须一视同仁地对待其他各方。否则，就会导致下列情况的发生。

（1）放弃不让步政策。

（2）遭到另一些人的敌视，因为那些人曾被告之：要么接受无协商余地的条件，要么取得与他人待遇相同的条件。

（3）引发一场官司，要求将平等的条款从法律上予以确认。有关这一情况的最常见例子是，在市场上有竞争性的价格，但这种价格却不能讨价还价。无协商余地的条件可能包括整笔交易，也可能只限于交易的特定部分。若为后者，则整个谈判包含了可协商与不可协商两种条件。

6. 需要招标或书面计划的时候

以招标或书面计划作为谈判的开场和收尾是不让步策略不可缺少的具体手段。设立招标程序的一方实际上在这样说："把你最优惠的报价给我，暂且不要讨价还价，然后再与其他竞争者的报价比较，最具吸引力的报价将夺标。"这个程序可以按预定步骤或客观需要变更，可以外加若干次与最佳授标人的谈判，因为有些条件招标程序还很难概括。

一般来说，招标程序将迫使对方开出最优的，通常也是唯一的报价。由于存在各方竞标，该程序产生的报价一般也是最合理的。当然，完善的招标过程还须存在有力的竞争对手、公平地起草文件、不厚此薄彼的具体条目以及不非法的价格操纵。

◇ 进退攻守，拿捏好让步的度 ◇

亲哥，你不可以这样做啊！再降，老总会炒我鱿鱼的。要不，你一次付我两年的款，我再与老总商量商量。

你这次要是不降价，我将与别的供应商合作。

谈判桌不是谈朋友的场合，不做没有价值回报的让步。

你现在的价格是1块3，我们其他的合作方都是1块2，你可以接受跟他们同样的价格吗？

力争得到对方最后一次小的让步。让对方期待合作下去，在谈判即将达成时，还可以让对方再做一次小让步。

强调、凸显自己的让步

你会答应客户的所有要求吗？该怎么对待那些挑剔的客户呢？

如果对方有更强大的阵容或更有威力的武器，你该怎么办呢？

通过与客户的短暂接触，你能否很快做出是否让步的决定？

怎么才能让你的让步凸显出来，去换取对方更大的让步？

你的让步被凸显之后的谈判效果是怎样的？

虽然谈判时要尽量坚持自己的立场，但有时候必须要做出让步，让你的让步尽量凸显出来，否则谈判无法达成一致，前期的成果就全白费了。在谈判阶段让步时，必须牢牢把握住几方面：怎么让？让步时怎么坚持自己的立场？让给谁？什么时候让？谈判者要处理好这几个问题，既能使自己的让步最小，又能最大限度地让对方满意，让自己有面子。

谈判中的相互让步，如果从策略角度来研究的话，甚至可以把它理解为相互妥协。因为无论是政治谈判，还是经济谈判，抑或其他谈判，要想获得谈判的成功，总是少不了妥协。而让步则是妥协经常使用的方法。通过让步（妥协）来避免冲突或争执，从而推进谈判进程。当然这里的妥协绝不是一味地退让，而是有条件地换取。作为优秀的谈判者，每当临近相互让步的磋商阶段，至少要处理好何时让步、如何让步、让步能换来什么等问题，这里面充满了技巧。

销售谈判过程中的讨价还价时时可见，如何做好让步，让你的让步凸现出来，要因人判断。一步到位的让步，可能会使消费者在选购时认为其产品还有很大的让步空间；有的则相反，喜欢做事利落，一步到位。也就是说，这个方式适合这样的人群消费者。对于"挤牙膏"的让步方式，在销售过程中，双方来来回回交流商量，很浪费时间，但争取的时间和机会较多，可能让步的比例也不一样，但每次都有小许让步，会让消费者有心理上的满足感，这样的价格让步方式可能更适合开朗、喜欢交流的消费群体。

A 公司想以每亩 60 万元的价格转让一块土地，这块土地有相当大的增值前景。但在谈判的报价阶段，A 公司报价为 120 万元/亩，以便试探对方的反应。其实买方事先已对这块土地进行过估价，也调查过周边的土地价格，结论是：市场合理价格在 58 万~60 万元。买方提出 50 万元的出价。由于 A 公司急欲将这块土地脱手，随即同意把价格降为 80 万元/亩，即原来的 2/3。由于卖方一开始就做出了大幅度的让步，所以在接下来的谈判中就失去了主动权，任凭买方"砍价"，毫无还手的能力。最终结果是按 55 万元/亩成交。事实上，这块土地至少可以按 58 万元/亩的价格转让。

上述例子表明，A 公司不应该那么快就做出大幅度的让步，使得买方坚定对这块土地价格的信心，迫使 A 公司做出多次让步。

因此，在商务谈判中，即使必须让步，也不要轻易先做出让步。经验证明，未经施压就做出的让步，价值不大，对方会把它看成争取其他让步的起点。

这个案例中反映了最常见的谈判方法——让步策略。这种让步方式被凸显出来，代表一种更为奇特和巧妙的让步策略，因为它更加有力地、巧妙地操纵了对方的心理，让对方不得不也进行让步。

1. 丝毫无损的让步

丝毫无损的让步，是指在谈判过程中，当对方就某个交易条件要求己方做出让步时，其要求的确有某些理由，而对方又不愿意在这个问题上做出实质性的让步，这时可以采取这样一种处理的办法，即首先认真地倾听对方的诉说，并向对方表示："我方充分地理解您的要求，也认为您的要求有一定的合理性，但就我方目前的条件而言，因受种种因素的限制，实在难以接受您的要求。我们保证在这个问题上我方给予其他客户的条件绝对不比给您的条件好。希望您能够谅解。"如果不是什么大的问题，对方听了上述一番话以后，往往会自己放弃要求。

谈判是具有一定艺术性的。人们对自己争取某个事物行为的评价并不完全取决于最终的行为结果，还取决于人们在争取过程中的感受，有时感受比结果更重要。在这里，己方认真倾听对方的意见，肯定其要求的合理性，满足了对方受人尊敬的要求，保证其条件待遇不低于其他客户，进一步强化了这种受人尊敬需求的效果，迎合了人们普遍存在互相攀比、横向比较的心理。

2. 谈判中要以战略性让步改变形势

在谈判过程中，理性谈判者都会对谈判的发展做出预期，并根据自己的预期制定应对措施。 如果自己的每个反应都在对方的预期之中，对方就可以有条不紊地实施应对战略，谈判者在谈判中就可能处于被动。 以战略性让步改变形势，就是通过做出对方认为绝不可能的让步，破坏对方的预期，打乱对方的部署，从而把谈判的主动权抓在自己手上。 虽然战略性让步可以在谈判的任何阶段使用，但是谈判者应警惕对手也采用这一战略，要在谈判前充分估计各种可能。

3. 谈判中让步收尾的战术

如果谈判在进入最后阶段还继续僵持，谈判者很可能心生焦躁。 如果与对方长期合作，需要建立良好的互信关系，不妨使用突然让步的收尾战术，即在坚持一段时间自己的要求之后，在对方快要失去耐心之时，突然做出比较大的让步结束谈判，卖对方一个人情，皆大欢喜。

这种战术看似与"让步幅度要小"这一谈判原则矛盾，其实不然，关键在于如何把握"较大的让步"。 这一让步应该只是相对较大，而不是绝对大，不能大到让对方觉得还有无限砍价的空间；否则，不但不能结束谈判，甚至会让对方得了好处还不领情。

为了给谈判画上一个圆满的句号，谈判者往往要通过推拉，让谈判顺利落下帷幕。 推和拉是谈判的让步收尾工作中常用的策略，需要配合使用，只有又推又拉，才能取得最佳效果。

4.谈判时想要让步凸现出来需注意的几个方面

（1）谈判桌上不能存在任何的侥幸心理，谈判本身是一件非常严谨的事情，要用正确的方法去对待每一次交易，最终提高谈判的成功率。

（2）不要让买方产生更高的期待，正确的方式是逐步缩小让步的幅度，让买方认为价格已触及底线，不可能再有任何让步了。

（3）第一次让步需要合理，要凸显你的让步，要充分激起对方的谈判欲望，在谈判中期不要轻易让步，之后的每一次让步幅度都要递减，并且要求对方在其他方面给予回报。最后的让步要表现出异常地艰难，必要时要使用上级领导策略，引导对方顺着你的思路进行，最终取得双赢。

第八课

坚持就是胜利

结束：打铁要趁热

谈判既是语言艺术的交锋，又是一场心理战，需要双方具有高超的观察能力和哲辩思维，所以谈判注定是一场理性和激情的碰撞的舞台，在这个舞台上无疑要消耗相关人员大量的精力。

因此，对双方来说，谁都想尽快结束战斗，但又因事关重大，不敢有半点马虎，所以他们又不敢轻易地下定结论，往往在谈判结尾时，又会出现诸多疑虑和反复，一再地审视谈判内容是否达到了预定目标，或者是否还有遗漏的地方，让人焦虑不已。

在这种情况下，我们如果认定所有细节都已经商谈得差不多了，就必须学会趁热打铁，顺着客户的谈话，寻找客户兴趣的最高峰值点，一鼓作气，促使对方加快下定决心的速度，及早地结束谈判。

有时候为了能够使对方坐下来赶快签字认可，还可以适当地营造一些快节奏的气氛，通过这些有意识的行为暗示对方：谈判工作不能无谓地消耗下去，现在是该收尾的时候了。

当然，在这种气氛的营造中，我们应当不疾不徐、有板有眼地逐步推动气氛的升华，不能为了求成而表现出操之过急的行为举动，如果操作不当，行为急躁慌乱，甚至画蛇添足，很有可能会引起对方警觉或反感的情绪，正所谓欲速则不达，我们千万不要做出搬起石头砸自己脚的蠢事。

来看一位谈判专家的叙述：

有一位学员在我的课堂上曾向我吐苦水，说他好多次和客户谈判，每次到了最后关头，眼看着合同就要签订，却往往会出现变故，最后不了了之，自己一直不知道问题出在哪里。

望着他询问的目光，我一边思索一边问道："你确定对方已经有了签订的意向了吗？"

这名学员连连点头说："这个没有疑问，对方签订的意向很明显，我完全可以感受出来。因为我也知道谈判介绍和让步的重要性，从他们的眼光中，我看出对方充满了兴趣。"

我想了想接着问道："你再好好回忆一下，当客户准备签订协议时你在做什么？"

这名学员想了半天，然后不确定地说："也没什么，主要是防止出现意外，我又把先前的内容向他们多重复了几次，希望他们能够清楚明白。"

我听了后苦笑着说："问题就出在这里。"

学员一脸不解，我继续给他解释："你这种行为是画蛇添足，你可能知道'趁热打铁'的重要性，但是趁热并不是一直重复内容或者是催促对方签字，因为客户在最后下决定的关头，最讨厌他人在一边喋喋不休，这样很容易引起对方的反感，其实这个时候你可以用诚恳的目光看着对方，客户如果还有疑问，自然会向你咨询；如果没有，当你们目光交流时，你可以用点头或默认的表情表示对对方的认可和肯定，这是一种礼节的尊重，你的失败就在于你过分地表露出急于求成的心态，客户难免会心生疑虑，不敢轻易地签字了。"

南方某家电子公司是国内一家实力雄厚的企业，产品在国内非常有名气，知名度比较高。近期公司高层决定向海外进军，首先要打开欧洲市场，因为那里不仅市场广阔，而且利润也很大，可以作为公司营销方向的一个重要试点。

此时，正好有一个欧洲商贸代表团来这家公司所在的城市考察，公司老总从内部渠道中得知，代表团中有一家企业需要公司的电子器件，作为他们产品的重要零部件使用。老总大喜过望，一番运作后，终于成功地使这个代表团来公司参观访问。

代表团参观过程中，老总重点观察这家企业领队的反应，优美的厂区、高度自动化的设备、规模庞大的生产能力，代表团成员不断地给予肯定，这家企业的领队也频频点头，显示出浓厚的兴趣。老总看在眼里，心里踏实了不少，经过联系，获得了和这家企业单独商谈的机会。

老总开门见山，直接说出公司想和对方合作的愿望。对方领队先是一愣，随后表示这次主要是过来考察，对大陆同类企业不是太了解，并没有具体的订单意向。

老总不慌不忙，先是带领对方专程参观了公司最核心的研发部门，这里是公司的机密所在，一般人不会被允许过来参观，里面高精度的实验设备让对方脸上露出了满意的笑容。不过对方表示是否允许他们代表公司与其合作，需要请示公司总部。

很快好消息传来，这名领队告诉该公司老总，他的请求被总部许可，任命其为这次谈判的全权代表，如果各方面合适，可以考虑和该公司展开合作。

由于代表团在这里的时间有限，事不宜迟，老总立即安排人手和对方开始了谈判。

谈判过程也比较顺利，最后是双方最关心的问题：产品报价。该公司为了能够打开市场，同时受时间限制，直接给出了最低报价。

对方想不到他们如此爽快，原以为还要经过漫长的讨价还价，因为都是内行，一看价格就知道他们并没有漫天要价，而是真诚实意地想要合作。

他们在报价时就一直留意对方的神情变化，从对方表情判断，己方低廉的价格已经深深打动了对方，于是进一步试探道："如果贵方满意的话，我们今天就签订合约，先小批量试验一下，然后再逐步扩大合作。"

他们趁热打铁的攻心战术取得成效，对方也不再过多犹豫，大方地签下了合约。随后他们立即精选了一批产品发往对方总部，获得高度认可。订单源源不断地飞来，同时在这家公司的推荐下，他们的产品在欧洲市场很快就打开了局面。

谈判就是为了签订合约才坐在一起的，也就是说，在双方有合作意向的前提下进行详细地沟通，最终的目的是签约，而不是不欢而散。所以在这个过程中，无论是语言交锋还是心理战，都是为了最后的胜利。

可是许多谈判人员在前期费了不少心机，相关的工作也做得非常详细，甚至还准备了好几套谈判方案，但是往往在最后关头不能很好地把握时机，没有"趁热打铁"，没有促使对方下定最后决心，从而落个前功尽弃的局面。

从上面的案例中我们可以看出，该公司老总是一个非常善于"趁热打铁"的高手，无论是在谈判气氛的营造中，还是在谈判导向的引领上，都将这一技巧运用得非常娴熟，先后通过数次的运作，成功地得到了他想要的效果。

当他获知有欧洲代表团来到后，立即抓紧时间行动，积极活动，请求代表团来企业参观，因为他深知，"过了这个村就没有这个店了"，时间不等人，只有将对方请过来，才有下一步接触的机会。

代表团参观过程中，该公司老总重点关注对象是可以和自己合作的那一家，一看到对方满意的表情，立即提出和对方单独商谈的机会。因为有了参观作为基础，对方脑海里有了印象，所以对他们的要求并不感到突然，这是"趁热打铁"的第一步。

看到对方肯留下来，该公司老总毫不犹豫地抓住机会，带领对方参观核心部门，从实力上征服对方，并在暗中观察对方的反应，看到时机成熟，于是立即提出合作的意向，不给对方拖延的机会，这是他"趁热打铁"的第二步。

当对方获得谈判授权时，事情已经又向成功迈进了一大步。因为代表团逗留的时间有限，所以必须要在最短的时间内打动对方，公司老总采用攻心战术，直接报出最低价位，显示己方的诚意，一旦对方内心松动，公司老总立即顺势而上，请求对方在协议上签字，这又是一次巧妙的"趁热打铁"。

从对方没有订单意向，到最后成功说服对方在协议上签字，开展两者的合作，公司老总步步为营，笑到了最后。

签约：白纸黑字最可靠

谈判的过程很辛苦，双方经过一番唇枪舌剑、讨价还价，终于取得了利益上的一致，接下来就是收尾工作，也就是在协议或合同上签字认可，把谈判内容用文字形式落实下来。

但是实际谈判中有些人对签字的行为不太重视，一方面是经过漫长的谈判之后，认为已经有了结果，人为地放松了进一步的行动；另一方面则是想当然地以为签字只是早晚的事情，晚一些也不会出问题。

其实，有这种想法的人是错误的。从法律层面上讲，只有签字认可的协议和合同才具有法律效力并受法律保护，其他诸如口头协议或商定一旦出现了违约的情况，法律一概不予认可。另外更为重要的是，签字可以保证对方不能再有所反悔。在谈判过程中，有的谈判方并没有充分考虑成熟，等他们冷静下来，会发现还有这样那样的漏洞，如果没有当场落实签字工作，事后他们又反悔了，或者重新提出附加条件，这时候我们该怎么办？

不答应吧，前期辛苦的工作算是白做了；答应吧，对方此时提出的条件对我们的利益一定会有所影响，有时甚至比较严重。难道重新再展开一场谈判？试想，如果对方如此反复几次，谁还有精力继续奉陪呢？

所以谈判工作结束时，一定要双方负责人签字认可，这样才算是大功告成，否则一切都还处于变数之中。

杨庆是一家企业负责人，一次，他遇到了一家大客户，需要采购自己公司的产品。由于对方需求量非常大，所以杨庆极为重视，亲自出马和对方谈判具体事宜。

双方各自准备了好几套方案，在谈判中展开了你争我夺的拉锯战，有时候为了一个细节问题争论得面红耳赤。长时间的谈判让杨庆筋疲力尽，但是一想到即将到手的订单，他便又打起精神和对方交锋，寸土必争。

经过一系列的艰苦磋商，最后双方终于达成了一致。本来接下来就是签订合同的时候，但是合同的打印需要一段时间，况且此时心情大好的杨庆整个人都放松了下来，对方看起来也非常高兴，见此情景，杨庆提议大家一块吃个饭，相互之间增进一下感情，也算是不打不相识。

这个提议一出，受到双方谈判人员的热烈欢迎，一行人放下手头工作，赶赴附近的豪华酒店尽情吃喝了一番。由于双方兴致都很高涨，所以酒席之间难免有人喝多，看着东倒西歪的人群，杨庆不禁苦笑，其实他自己也喝了不少，此刻只能顺水推舟，宣布大家都先回去休息一下，最后的签字工作留待明天早上进行。

第二天一大早，杨庆就带着打印好的合同赶往谈判对手的驻地，只要对方负责人大笔一落，整个谈判工作就宣告成功，以后就是如何履行合同的事情了。可是等杨庆赶到对方休息的地方时，突然被告知他们的负责人昨晚临时有急事先回去了，说是办完事情便会立即赶回来签字。

杨庆尽管心里有些失落，但是想着对方会很快赶回来，到时签字也不算晚，于是也没太往心里去。过了一天，对方负责人匆匆赶到杨庆的公司。杨庆见到对方，赶忙拿出合同，期待对方在上面签下大名，盖上合同印章。

但是这位负责人面带愧色，不好意思地对杨庆说："杨总，真不好意思，我临时有事耽误了签字。今天过来主要是落实我们的合同问题，昨天我在处理其他事情的时候又把我们合同的内容仔细回想了一遍，觉得其中还有一些问题没有考虑完善，你看我们能否再商谈商谈？"

杨庆一听一时有些反应不过来，后来明白这是对方在提出变卦要求，别看这位负责人说得这么客气，好像在征求他的意见一样，其实潜台词是必须要重新谈判，要不然以前的合同内容作废。尽管杨庆一肚子不乐意，但是对方还没有签字盖章，完全否认前面所谈的一切。

无奈之下，杨庆只好强打精神，重新召集相关人员和客户再次谈判，由于这次他们考虑得更为详细，许多有利于杨庆公司的条款都又被修订了一番，自然杨庆公司的利润也相应地受到很大损失，但这也是没有办法的事情，谁让杨庆在第一次谈判时没有当场落实到底呢？

从杨庆的遭遇中，我们可以看出签字的重要性，它是双方谈判内容能否落实的保证，关系到整个谈判工作的成败。

有了签字，白纸黑字板上钉钉，谁也不能提出反悔的要求，否则将会面临违约的惩罚；没有签字，一切都在变数之中，对方一旦有了新的想法，完全可以推翻重来。如果当时杨庆有足够的警惕心理，及早落实合同的签字，也就不会发生后面的事情了。

从杨庆的案例中，我们要吸取以下几点教训：

第一，谈判工作完成后，不论当时有多忙，也要及时追着对方签字认可。杨庆就犯了这样的一个低级失误，或许是无心之失。他在合同还没有打印好的时候，可以一边和客户闲聊，一边耐心等待合同文本的完善，而不是迫不及待地和对方先行庆祝。

第二，谈判工作完成时，不论多忙多累，一定不能放松自己，什么时候收尾工作完成，什么时候才可以放下心来。

案例中杨庆一看谈判结束，就认为是大功告成，于是想当然地认为下面的签字工作只是一个形式而已，没必要太当回事，早一会儿晚一会儿不会有什么问题。在这种心理驱使下，杨庆忘记了其实最为重要的签字环节，只顾着喝酒攀交情，最终误了事。

第三，在谈判的签字阶段，如果对方的负责人临时有事，我们也不能坐等，要乘胜追击，不给对方缓冲的余地，谨防他们有充足的反悔时间，争取把合同签了再说。

当杨庆在休息之后得知对方的负责人临时有事时，大意的他以为不会再有什么变数，多等一两天无关紧要，正是这种麻痹思想让他吃到了苦头。当时杨庆应该紧追不放，哪怕是电话联系，让对方委托别人签字也行，只要有人授权，对方就应当认账。 然而杨庆却在关键时刻又一次错失良机，他的等待无形中给对方提供了大量的思考时间。

因为谈判过程中人们的注意力容易集中在关键问题上，谈判结束后身心放松，就会全面思索谈判的得失，这时很容易想到遗漏的地方，要么重新开始谈判补充细节，要么就会翻脸不认账，无论是哪一种结果，都是我方不愿意看到的。

让对方觉得他赢了

你见过律师们在法庭上辩论的情形吗？他们在法庭上总是针锋相对，好像要置对方于死地才甘心。可一旦出了法庭，控方律师就会走到辩方律师面前说："啊，你刚才的表现实在是精彩。如果不是请到你的话，你的当事人恐怕要坐上30年牢。"控方律师也知道今后双方低头不见抬头见，所以他也不希望和辩方律师结下深仇大恨。相反，如果他一出来就洋洋自得的话，辩方律师可能会下定决心下次一定要战胜对手。别忘了，双方可能会在不久的将来再次交手。所以你不要让对方感觉他输掉了这场官司，那样只会坚定对方下次一定要赢你的决心。

如果你是一名销售人员，怎样与客户进行谈判才可以说服客户购买你推荐的产品呢？谈判的目的是要达到一个双赢的结果。当客户离开谈判桌的时候，即使你赢了，也要想办法让客户感觉是自己赢得了谈判。

有一个妈妈把一个橙子给了邻居的两个孩子，这两个孩子便讨论如何分这个橙子。两个人吵来吵去，最终达成了一致意见，由一个孩子负责切橙子，而另一个孩子选橙子。结果，这两个孩子按照商定的办法各自取得了一半橙子，高高兴兴地拿回家去了。

第一个孩子把半个橙子拿到家，把皮剥掉扔进了垃圾桶，把果肉放到果汁机上打果汁喝。另一个孩子回到家把果肉挖掉扔进了垃圾桶，把橙子皮留下来磨碎了，混在面粉里烤蛋糕吃。

我们先来分析一下，两个孩子这样做有什么不尽如人意的地方：两个孩子各自得到了一半橙子，并且都用各自的橙子做了自己想做的东西。但是，显然他们都浪费掉了一些东西。所以，他们追求的只是形势上的公平，并没有追求到各自最大的利益。谈判也是如此，在谈判过程中，双方应该交流各自所需要的东西，或许就可以找到一个更能满足双方利益的方式。

假如两个孩子在分橙子之前做了交流，然后两个人就可以把橙子的果肉和果皮分开，一个拿去榨橙汁喝，另外一个也可以做出更多的蛋糕。

我们再来看第三种可能出现的情况：其中一个孩子想要整个橙子，于是他说："如果你答应把这个橙子全给我，你上次欠我的棒棒糖就不用还了。"其实，他的牙齿被蛀得一塌糊涂，父母上星期就不让他吃糖了。

另一个孩子想了一想，很快就答应了。他刚刚从父母那儿要了五块钱，准备买糖还债。这次他可以用这五块钱去打游戏，才不在乎这酸溜溜的橙子汁呢！

这样的话，双方就可以尽可能多地达成自己的目标，也不会浪费掉什么东西。再比如说，和客户进行谈判的时候，客户总是希望以尽可能低的价格拿到产品，而你则想用尽可能高的价格卖出自己的产品。无论如何，当谈判的最终结果证明是你赢了的话，你还应该告诉你的对手：

"张经理，真的很高兴与您合作。遇到您真的很荣幸，您为贵公司赢得了更多的利益。"

"我也很开心与贵公司的合作，希望我们还有合作的机会。"

真正的谈判高手总是会让对方感觉他赢得了谈判，而拙劣的谈判者只会让对方觉得他赔了。与拙劣的谈判者合作的客户，在第二天早晨醒来的时候会想："现在我知道那个搞销售的对我做了什么，别让我再碰上他。"而与谈判高手合作的客户会感觉他们同你一起度过了一段非常愉快的谈判时光，他们迫不及待地想再次见到你。

谈判的最理想状态就是让谈判双方感觉自己都赢得了这场谈判，尤其是真正的赢家，更应该运用这一谈判策略使对方感觉他才是赢家。

比如，你和一位客户进行谈判，在谈判过程中，对方不知满足，不断索取而毫不付出，那么这场谈判只能出现两种结果：一种是谈判将在无法继续的僵局中结束，另一种则是一方获利而另一方因损失过大被迫终止交易。所以，要想使谈判获得理想的结果，就应该端正心态，抱着如果自己的利益得到了满足，也应该适当给对方一些让步的良好态度，而不是把对方看作仇人一样。找到最好的方法去满足双方的需要，并且要解决双方责任和任务的分配，如成本、风险和利润的分配等问题，这才是谈判的最终目的。

胜达科技有限公司需要为公司的员工购置一批电脑，公司的采购经理联系了一家名为长远电脑有限公司的供应商，双方就此次交易进行了谈判。

胜达公司希望以市场最低团购价格购买这批电脑，同时对这个长期供货的客户也有所顾忌，担心影响到日后的合作关系。长远电脑公司当然期望利润的最大化，但又不愿失去一个可靠而又诚信的长期合作商。

谈判一开始，胜达公司就提出了最低团购价的要求，但是被长远电脑公司拒绝了。经过一段时间的协商，双方达成了基本一致的意见——胜达公司把报价提高，而长远公司在对方做出让步的基础上提供给胜达更多其他的服务。

其实，在谈判过程中，长远公司并没有做出提供其他服务的让步，但是，即使长远公司做出这样让步的话，也不会影响到公司的利润。所以，直到谈判进行到一个僵持阶段的时候，长远公司终于以关键时刻的一次让步赢得了这次谈判。

在一场谈判完成后，不仅双方各有所得，同时也不会影响到下一次的合作。当一方不得不在价格上做出让步时，则另外一方就可以在其他方面提供一些补偿。谈判双方立场不同，对利益的价值评估也不会完全相同，或许长远电脑公司的供货价格是本次谈判的最重要因素，而胜达公司更看重的是电脑的售后服务，通过谈判，双方的问题得到了解决，他们都认为自己赢了。

在谈判中，谈判双方对同一个问题的价值认定是不同的，也就是说，甲方想要达到的目的乙方实际上毫不在乎，而乙方想到获得的东西甲方却感觉没有任何意义。

所以，在谈判过程中，不仅需要考虑己方需要的东西，还应该考虑对方需要的东西。 如果对方需要的东西在己方看来是丝毫不会影响到自己任何利益的东西，那么，何不找个适当的机会，以适当的方式"送给"对方呢？让他感觉他赢了谈判，这对己方是大有好处的。 只有你满足对方基本需求的时候，对方才会给你相应的回报。

谈判双方各有所需，要充分关注共同的利益，在获得利益的同时也要给对方留有余地，不要拿走谈判桌上的最后一分钱。 但是，要如何做到既赢得了谈判，又让对方感觉其实他自己才是赢家呢？

谈判归根结底是由谈判者决定的，有什么样的谈判观念就有什么样的谈判结果。 严格地说，并不是谈判技巧决定结果，而是观念决定谈判结果。 谈判者树立什么样的观念，他就会采取什么样的谈判策略，并应用相关的谈判技巧。

首先，对谈判方案进行讨论和确定。

谈判者在面对对方提出的条件的时候，应该先确定解决方案，然后再以小组的形式进行讨论。 这样的话，可以获得更多的想法和思路。 接着对各自的想法进行讨论和评估，最终决定具体的实施方案。

其次，扩大方案选择范围。 其实，让更多的人参与到讨论中来，并不是要在其中寻求最佳的解决方案，而是为己方提供更多的选择方案。

最后，确定可以满足双方需求的方案。

谈判是可以同时满足双方利益需求的，就看你是否可以找到一个这样的方案。 这就又说到了之前的态度问题，谈判双方应该认清楚共同的利益所在，而不是仅仅关注于己方的利益。 每场谈判都有潜在的双方共同的利益，强调共同利益可以使谈判更顺利。 另外，谈判者应该把握合适的机会，向对方做出适当的让步，使得己方在占尽优势的情况下也能获得对方的好感。

◇ 互惠互利，高情商达成双赢 ◇

如果你接受这个价格，咱们成为合作伙伴后，我们将提供技术支持，升级你公司的平台，使我们实现双赢。

只有互惠互利才能达成双赢。谈判不是一场你死我活的战争，而是促成合作的有效手段，只有照顾到对方的核心利益，才能达成共赢。

我也非常佩服李总的大局观。我们双方价值观契合，今后可以长期合作下去。

非常感谢张总的大格局，使咱们能够抛开细枝末节，照顾到彼此关切，从而达成协议。

双赢是谈判的最高境界。只有双赢的谈判才是真正成功的谈判。

随时准备离开

谈判中，谈判者往往在条件得不到满足的时候起身离开。其实，他们很多时候只是假装要离开，并不是真正想要放弃谈判。这一谈判策略也不过是吓唬对方而已。

某房地产公司与另外三家公司想要合作某一个地产项目，没想到，即将签约的时候，其中一个合伙人因为对一些条件不满意而退出了合作。但是，因为这次项目涉及资金比较多，几家公司已经跟银行讲好条件，并且马上也要签约，他们急于找到新的合伙人加入。

这个时候，QN 地产公司成为他们的首选。他们先是开出了退出的那家公司的价格，邀请 QN 地产加入，QN 地产的谈判代表在考虑了一天的时间以后，回复他们说："很抱歉，我们没有兴趣加入。"随后便离开了。但是，就在谈判代表回到公司 12 小时以后，对方又打来电话，说他们愿意开出更加优厚的条件邀请 QN 地产的加入。就这样，QN 地产的谈判代表只是在关键时候勇敢地转身离开，就赢得了这次谈判，并且获利颇丰。

谈判的关键时刻离开谈判桌并不是意味着放弃谈判，相反，正因为要达成谈判，才会选择离开。但是，如果是己方非要达成此次交易的话，对方只要有足够的耐心，还是会赢得谈判。因此，一定要掌握整个谈判的局势，才可以做出使用这一谈判策略的决定。否则，错失谈判的还是自己。

19世纪末，法国一家公司跟哥伦比亚签订了一份在巴拿马境内开凿一条通往大西洋与太平洋的运河（就是巴拿马运河）的合同。当时，法国工程师雷赛布负责主持运河的开凿，雷赛布因开凿苏伊士运河而闻名世界。他自以为对开凿项目驾轻就熟，然而巴拿马的环境与苏伊士有很大的差异，所以工程进度十分缓慢，资金也开始出现短缺，公司陷入了窘境。

而美国早在1880年就想开凿一条连贯两大洋的运河，由于法国抢先一步与哥伦比亚签订了条约，美国极其懊悔。在这种情形下，法国公司的代理人布里略访问了美国，以1亿美元的价码向美国政府兜售巴拿马运河公司。事实上，美国早已对此垂涎三尺，知道法国拟出售公司更是欣喜若狂。然而，美国却故作姿态，罗斯福指使美国海峡运河委员会提出报告，证明在尼加拉瓜开运河更省钱——在尼加拉瓜开凿运河的费用不到2亿美元，在巴拿马开运河的费用虽然只有1亿美元，但加上另外要支付收购法国公司的费用后，全部支出达2.5亿多美元。从支出费用上来看，当然是在尼加拉瓜开凿运河更划算。

布里略分析以后发现，如果美国真的在尼加拉瓜开凿运河的话，那法国在巴拿马运河上的投资就一分钱也收不回来了。于是，他马上想办法说服美国，表示法国公司方面愿意降价出售，只要4000万美元就行了。美国运用谈判策略立即省下了6000万美元。

随后，罗斯福指使国会通过了一个法案，规定美国如果能在适当时期与哥伦比亚政府达成协议，就选择巴拿马，否则，美国就选择在尼加拉瓜开凿运河。

哥伦比亚终于坐不住了，马上派大使与美国国务卿约翰商议，并且签订了一项协议，哥伦比亚方面同意以 100 万美元的价码长期租给美国运河两岸各宽三公里的"运河区"，美国需每年另付租金 10 万美元。

就这样，罗斯福适时地站在法国和哥伦比亚谈判办公室的门边，把手放在把手上就轻松地得到了巴拿马运河的开凿和使用权。谈判者应有随时离开谈判桌的准备，通常得到的效果只会比预期的更好。但是，一定要记得，说离开就一定要离开。否则，对方根本不会接受你的"威胁"。

朱迪一直想买一部车，上周，她独自一人在汽车城逛了很长时间。回到家，她打电话给一个朋友说，她看中了一部红色的跑车，非常想买下来。但是，汽车城的老板死活不肯降价，结果弄得很不愉快。朱迪打算约上朋友明天再战。

第二天在去汽车城的路上，朋友问朱迪："你是不是在老板的面前表现得非常喜欢那部车？""嗯，我想是的。"朱迪老实地回答说。

"那，你打算今天买下来吗？"朋友接着问道。

"当然了，我连银行卡都带来了。"朱迪回答。

我们先来分析一下朱迪的谈判心理，朱迪是抱着必须要完成谈判的心来的，这对朱迪是很不利的。因为，朱迪并没有准备好随时离开谈判现场。这样一来，汽车城的老板更会咬紧价格不放。谈判者在进行谈判之前，应该做好会空手而归的准备，而不是抱定必须要赢的谈判的信念。

到达汽车城以后，朋友先开口跟老板交谈："老板，我朋友是真心喜欢这部车，所以今天又来看。看在她这么有诚意的份上，难道老板不能优惠一些吗？"汽车城的老板考虑了一会儿，答应降价1500元。朱迪兴奋地拉拉朋友的袖子，没想到被朋友一眼瞪了回去。朋友拉着朱迪就走，边走边说："老板根本没有诚意跟我们谈，算了，我们还是去看隔壁那部黑色的吧，你不是也很喜欢吗？"见状，汽车城的老板马上拦住朱迪她们，笑着说："小姐，何必这么着急呢？价格还是可以商量的嘛！"

于是，在朋友试图两次拉着朱迪离开以后，汽车城的老板终于答应降价3000元，将车卖给朱迪。

不要认为对方降的只是小数目，一旦交易量庞大，那么，小数字也可以变成巨额利润。想想看，如果不是朱迪的朋友假装要离开，怎么会省下3000元呢？

中国的一位企业家与日本一家公司进行合作，打算引进日本的全套设备，双方约定在日方公司进行谈判。经过几轮的初步交谈之后，谈判进入实质性阶段。日方首先开出报价："我们经销的生产线，由日本最优秀的三家公司生产，并且具备了世界一流水平，所以，全套设备的话，我们报价200万美元。"报价完毕，日方摆出一副"我说的都是事实"的表情。

没想到，那位企业家马上反击说："在此之前，我们已经对这类生产线进行了调查，我们得知，贵国某公司的生产线与贵公司相同，但是，报价却比贵方低30％，不知贵方有何解释？我希望贵方可以重新拟定报价。"说完，那位企业家就离开了谈判桌，留下日本公司的人员面面相觑。

随后，日本方面连夜进行了协商，并且把生产线的各类设备报价重新做了调整。再到谈判桌上的时候，报价急跌50万美元。那位企业家又摆出更多的资料给日本方面，双方经过激烈地争论，报价在130万元上争执不下。在之后一周的时间里，双方又经过了多次的会谈，但是始终无法达成一致意见。

那位企业家也一再想要做出退让："或许这样的价格已经可以了。但是，从谈判一开始到现在，都是日方主动，自己只是针对对方的报价讨价还价而已。会不会对方认为自己是必须要完成这次交易，所以才会不再做出更大让步。"想到这里，那位企业家想到了一个主意，不能让对方感觉自己是必须要完成这次谈判的，否则的话，即使自己甩手离开，对方也会不加阻拦的。于是，企业家紧急接洽了日本的另外一家同类设备公司，想要给对方一次提醒。日本方面很快发现了企业家的举动，在又一次的谈判中，主动把报价又降低了10万美元。

那位企业家知道自己猜对了对方的意图。于是，他认为，可以利用其他同类公司迫使对方再次做出让步。

然而，日本方面似乎按捺不住了，在谈判桌上发起飙来："我们已经多次做出让步，从开始时候的200万到现在的120万，我们已经做出了将近50%的让步。可是，您还是没有签字，这让我们很怀疑您的合作诚意。"

"对不起。但是，我希望你们知道，你们的价格也是相当不够诚意的。另外，还有你们的合作态度。"说完，那位企业家把手中的文件丢到桌面上，准备起身离开。

　　这个时候，日方代表似乎被吓到了，马上起身阻止，并且说："请容许我们回去再做商议。"那位企业家正色道："不必了，我想我们没有合作的必要了。"说完，转身便走。日方代表马上递上一份文件说："这是我们拟定的最后报价。"最终，双方以100万美元的价格成交。